The Business of Managing
and Marketing in the Age of Turbulence

Chaotics

混沌时代的管理和营销

[美] 菲利普·科特勒 约翰·卡斯林/著 李健/译

华夏出版社

图书在版编目(CIP)数据

混沌时代的管理和营销/(美)科特勒,(美)卡斯林著;李健译.-北京:华夏出版社,2009.5
ISBN 978-7-5080-5152-9

Ⅰ.混… Ⅱ.①科… ②卡… ③李… Ⅲ.企业管理-市场营销学-研究 Ⅳ.F270

中国版本图书馆 CIP 数据核字(2009)第 048288 号

Chaotics. Copyright © 2009 Philip Kotler and John A. Caslione. Published by AMACOM, a division of the American Management Association, International, New York.
All Rights Reserved.

版权所有,翻印必究
北京市版权局著作权合同登记号:图字 01-2009-1972

混沌时代的管理和营销

〔美〕科特勒 卡斯林 著
李 健 译

出版发行:华夏出版社
（北京市东直门外香河园北里 4 号 邮编:100028 电话:64663331 转）
经　　销:新华书店
印　　刷:北京建筑工业印刷厂
装　　订:三河市万龙印装有限公司
版　　次:2009 年 5 月北京第 1 版　2009 年 5 月北京第 1 次印刷
开　　本:787×1092　1/16 开
印　　张:15
字　　数:220 千字
定　　价:38.00 元

本版图书凡印刷、装订错误,可及时向我社发行部调换献给所有工商管理硕士生，特别是西北大学凯洛格管理学院工商管理硕士生。我们在培养他们如何应对充满风险和不确定性的"混沌"商界，通过远见卓识和充分准备是完全可以做到游刃有余的。

——菲利普·科特勒

献给我的指路明灯，唐娜泰拉：我生命中最珍视的朋友和最真诚的伙伴，我引以自豪的可爱的、美丽的、智慧的妻子。她对我无限的耐心和坚定不移的支持，激发我写出了这本书中深思熟虑的章节，同时谱写了我生命中最令人欢欣鼓舞且最愉快的乐章。

——约翰·卡斯林

目 录

前言 / I

序 / I

第一章　新经济时代的到来：从常态到动荡 / 1
　　何谓市场动荡？ / 10
　　引发混沌的因素 / 17
　　结论 / 43

第二章　当前管理层对动荡的危险应对 / 47
　　破坏核心战略和文化的资源分配决策 / 56
　　全面削减开支与集中审慎的行动 / 58
　　维持现金流量的快速解决方案，危及利益相关者 / 62
　　削减营销、品牌以及新产品开发的费用 / 63
　　销售降低时的价格折扣 / 67

降低销售相关费用以摆脱客户 / 69

在经济危机时期削减培训和发展开支 / 70

轻视供应商和分销商 / 71

结论 / 76

第三章　混沌管理系统模型：对缺陷和机会进行管理 / 79

构建早期预警系统 / 92

构建重点远景方案 / 101

远景方案和战略选择 / 111

结论 / 115

第四章　筹划具有适应力的管理体系 / 117

混沌管理系统 / 125

财务和信息技术部门 / 129

制造／营运部门 / 138

采购／采办部门 / 145

人力资源部门 / 151

结论 / 155

第五章　策划具有适应力的营销系统 / 157

营销人员思维方式的主要转变 / 161

面对危机的一般营销反应 / 163

应对危机的战略性营销措施 / 168

营销部门面临的运营问题 / 175

销售部门面临的运营问题 / 182

结论 / 187

第六章 在动荡年代蒸蒸日上 实现企业可持续发展 / 189

企业可持续发展 / 193

结论 / 215

译者后记 / 219

前　言

2008年,当一场积蓄已久的金融危机重创美国,有客户和朋友问我们:"这场危机到底有多深?要持续多久?"这究竟是一场短期经济衰退还是深度衰退,或者就是一次经济大萧条呢?2008年10月,诺贝尔经济学奖得主加里·贝克尔也被问到了同样的问题。贝克给出的答案是:"没人知道,我当然也不知道。"言外之意:那些说自己知道的经济学家,不可信。

事实上,我们正在进入一个新的时期——动荡年代。艾伦·格林斯潘是世界上最有权力的人物之一,在《动荡年代》(企鹅出版社,2007年)一书中描述了他担任美国联邦储蓄委员会主席时的经历。格林斯潘虽说身经百战,但在应对很多棘手的经济问题时,他所能做的也仅仅是祈求上苍保佑他能侥幸涉险过关。格林斯潘所面对的,全都是美国亟需解决的问题,比如迅速增长的贸易逆差问题、养老金问题,以及如何恰到好处地运用政府对经济进行监管。

今天的世界，相互联系和依存度之高是前所未有的。在世界经济领域，全球化与科技已经成为两大主要力量，促使各经济体之间紧密相连，并使其脆弱性又上升到一个新的水平。全球化意味着一个国家从别国进口越来越多的原材料，同时向其他国家出口越来越多的产品。科技——以计算机、互联网和移动电话的形式，让信息瞬间传遍世界。各种各样的新闻，无论是一项具有突破性的发明，企业丑闻，还是某个大人物的死讯，都能在第一时间被全世界所了解。全球化的好处是成本低，但坏处则是一切都会比以往更加脆弱。因此，"外包"这个概念就总是既有支持者又有反对者。顺境之中，人们当然更青睐于全球之间的相互依存；但一逢逆境，全球化就会带来更多的痛苦和伤害。

动荡总是和自然界中一些极具破坏的现象——比如暴风骤雨、飓风、海啸——紧密相连。我们坐飞机时都有过类似的经历，每逢气流颠簸，驾驶员总会要求乘客系好安全带。在动荡中，稳定性和可预见性都化为乌有，取而代之的则是在剧烈和难以预测的外力下，我们四面遭袭并被抛来掷去。而在经济领域，动荡有时会持续很久，甚至有可能将整个经济拖入下滑的轨道，造成衰退，或者导致一场大萧条。

所以，无论是在自然界还是在经济领域，"动荡"对我们造成的冲击都是一样的。不久前，我们听说迈阿密建造的住宅楼供大于求，投机商们没钱还款，日子很不好过。我们还听说许多家庭申请了丽娜（NINA）房贷合约，即"无收入、无固定抵押"的一种合约。这些人现在因无力偿还贷款而面临房子被收回的困境。各大银行终于注意到了这些"老赖"，不愿再把钱借给这些客户或其他银行。当消费者了解到这一切以后，于是变"寅吃卯粮"为"捂紧钱袋"，导致汽车、家具和其他"信贷性商品"企业的销售开始下滑。为了维持生存，这些企业被迫宣布裁员，而大量人员失业又使人们的购买力更低。与此同时，企业减缓了采购，因而也把它们的供应商逼到了裁员的艰难境地。

困境之中的企业不得不全面削减开支。他们尤其会进一步缩减新产品的开发和市场营销方面的预算。这些举措在短期内无益于企业的恢复，而从长远来说，更会破坏企业未来的发展。消费者、工人、生产商、银行家、投资商以及这条经济链上的其他人都感觉到，他们正在经历一场经济飓风，漩涡般的动荡局面是那么的残酷无情和不可抗拒。

人们希望这种动荡很快就会过去，因为以前通常会这样。动荡毕竟不是正常的经济状态。是的，经济总是会恢复到"正常"的。不过，在这样一个新时代里，动荡在不同程度上已成为一种不可避免的现象。经济动荡可能会重创某个国家，比如多家银行都在2008年破产的冰岛。经济动荡也可能会重创某个行业，比如广告业，因为企业会把原先花在30秒电视广告的钱转而投向像网站、电子邮件、博客和播客之类的新媒体。一些市场也可能受到重创，比如房地产或汽车市场。最后就是个别企业受到经济动荡的影响，比如通用、福特和克莱斯勒可能会在动荡中遭受强烈冲击，而丰田和本田等企业遇到的困难则可能相对会少些。

安迪·格鲁夫在其著名的《只有偏执狂才能生存》一书中指出：事实上，一家企业是可以在经济动荡、甚至是长期的经济衰退中生存下来的。作为英特尔的前首席执行官，格鲁夫当时要应对各种挑战，以保住英特尔芯片的"头把交椅"。因为只要有一个足够高明的竞争者，拿出一款更质优价廉的芯片，就可以彻底击垮英特尔。格鲁夫不得不生活在这样的不确定性之中。英特尔也不得不做到"未雨绸缪"，建立一个早期预警系统来应对随时可能到来的麻烦。这个系统设置了各种各样"万一"出现的情景，并对其预设了不同的远景方案。

格鲁夫需要创造的系统必须能抵抗风险、应对各种不确定性。我们给这个系统起了一个名字，叫"混沌管理系统"。所有需要在风险性（可测度的）和不确定性（不可测度的）中生存的企业，必须建立一个早期预警系统、远景方案构建系统和快速反应系统，以便在经济衰退和动荡时期进行管理和营销。但我们发现绝大多数企业并没有在"混沌管理系统"下运作，他们的防御措施因而不够系统和充分。摩托罗拉没有"混沌管理系统"，通用汽车也没有，更不用说遍布在美国、欧洲、亚洲的那些数不清的企业了。

绝大多数企业都相信一种"自我恢复"的平衡法则。经济学家建立了一套均衡价格理论：如果供过于求，生产商将降价，带来销售增长，抵消过量供应。与之相反，如果供不应求，生产商会把价格提升到可以平衡市场供求的水平。平衡，就这样实现了。

如今，我们假定，在各种行业、市场和企业中，我们假定动荡及其引发的混乱、风险和不确定性已经变成了一种正常现象。在存在着周期性和间歇性的经济繁荣和经济下滑（甚至是衰退或经济大萧条）的当今社会，动荡已成为一种"新常态"。动荡有两大影响。一是冲击，企业为此要做好防御。二是机遇，需要靠企业自身挖掘。危机，对于大多数企业来说是"危"；但对少数企业来说，却是"机"。危机中，一个强大的企业能借机打败竞争对手，甚至能以极具优势的价格将对手吞并。一旦你的企业保留了关键成本，而你的竞争对手全都没这么做，那么你的机会就来了。

如果您同意我们的观点，也就证明企业需要一个"混沌管理系统"来应对不确定性，那么，我们就将概述这一系统并附上案例加以说明。这些案例的案主既有遭受动荡冲击的企业，也有在混乱中寻求机会从而成功的企业。我们希望这本书可以助您的企业在我们身处的这个新时代——动荡年代中蒸蒸日上。

菲利普·科特勒

约翰 A·卡斯林

序

应对新的挑战

这本书是关于什么的？企业管理者都有着一定的世界观，也有着应对可预期市场变化的一套做法。简单而言，他们认为经济状况不是常态就是疲软。常态是快速增长和持续繁荣的前兆，而疲软则是需求下滑和经济衰退的前兆。企业管理者应对这些市场条件时所采用的方案千差万别。在常态时期，他们采用进攻性和防御性相结合的战略，但不可能大规模获胜。在快速增长时期，他们发现新机会无处不在，随心所欲地进行投资和消费，尽其所能地捞取收益。在经济衰退时期，他们为了生存又不得不削减成本和投资。

然而，关于两种基本市场条件的观点，以及相应的指导企业发展的两套方案都已经过时了。在这两种基本市场条件之外，还存在着其他市场条件。所有的市场条件都可能突然相互转变。一会儿是9·11恐怖袭击，一会儿是卡特里娜飓风引发的洪水，一会儿又是对抵押贷款和不履行贷款协议的恐慌导致的世界金融体系崩溃。今天，由于日益相互关联的全球经济支撑着庞大的贸易和信息流，巨大震荡的发生更为频繁。

震荡的形式和规模多种多样。在世界许多地区的许多行业，人们对正在发生的重大事件的认知十分朦胧，而且可以肯定地说这些重大事件的影响并没有被估量到。可能是两个人在车库里制造一种叫做个人电脑的新玩意儿，也可能是一个名叫杰夫·贝佐斯的家伙开创名为"亚马逊"的互联网业务，或者另外一个叫做史蒂夫·乔布斯的家伙制造了iPhone，还可能是一个预见到债券出现高收益或想出抵押贷款证券化主意的家伙。如果电脑业、出版业、唱片业或金融业注意到这些幻想家，他们将会提早采取行动保护他们的地盘或抓住新的机遇。

商界领袖必须有一个新的世界观和应对这个世界的新标准。根据这一新的世界观，变化会持续不断地发生。它会迅速从世界某个角落出现，并给所有企业带来重大影响。这一观点在彼得·德鲁克《断层时代》一书中首先引起我们的关注，并在安迪·格鲁夫《只有偏执狂才能生存》一书中得到了系统阐述。前美联储主席艾伦·格林斯潘在他的《动荡年代》一书中也阐述了这一观点。这个观点还被写入克莱顿·克里斯坦森《商业创新与颠覆性技术》一书。

我们也认为在当今的商业领域，因颠覆性创新和重大的意外震荡带来的风险和不确定性比以往任何时候都要多。商界领袖一直生活在某种风险和不确定因素之中，在任何可能的情况下，他们会购买保险以减少损失。但是今天，变化的速度和震荡的程度比以前更大了。这在过去是不正常的，这是新的常态。考虑到重大震荡的影响，这种新常态远远超越了颠覆性创新。

那么商界领袖应如何处理这个问题呢？因为他们必须在更加动荡的时期进行管理，所以，他们需要一个能够做出更好决策的系统。他们需要一个应对混乱的管理框架和系统。他们需要混沌管理系统。

我们在世界各地遇到的许多商界和政府领导人，似乎都意识到这次经济危机不同于以往，尽管他们无法准确说出不同在什么地方。但是，正如你将会在第一章所看到的那样，世界已经进入了一种新常态，在可预见的将来，包含增长和下跌两个周期的日子已经一去不复返了。当我们向这些领导人解释这个新常态时，立即得到了他们的高度认同。这些领导人意识到，我们已经进入了一个持续的、不断加剧的动荡和混乱时代。这种认识往往伴随着一种宽慰，因为他们现在可以说出他们一直以来的感觉，但同时，这种认识还伴随着一种担心，担心传统的增长周期可能不会再次带来美好时光，至少不像过去那样美好。

正是由于这个原因，我们写了《混沌时代的管理和营销》这本书。

第一章，我们将确定造成这种剧烈动荡的诸多因素，要求企业管理人员必须重塑自己的思维，采取新的战略行为，在新的常态下，尽量降低脆弱性，并利用机会。

第二章，我们将解释商界领袖如果不调整在以往经济下跌时所犯下的错误，这些错误在新的时代就会给企业带来损害乃至灭顶之灾的原因。

第三章，我们将介绍混沌管理系统，为商界领袖提供一幅路线图，帮助他们转变其组织，包括增加新的重要的内部流程，成功地运营并更好地理解和处理发生在他们周围的事件。通过提供制定早期预警系统的指导从而发现环境中的动荡，构想尚未预见到的远景方案和战略，混沌管理系统将提供新的、强有力的组织力量来果断、快速地处理剧烈的动荡与混乱。

第四章，我们将介绍新的战略行为，这些行为对于组织中每一个关键的管理职能在不危及中长期业绩的同时改善短期业绩十分必要。

第五章，我们将提供全面的路线图，来说明企业在面临着削减预算压力的动荡时期，如何提高和加强其营销和销售战略，以争取更大、更忠诚的客户群，为更加强大和更长远的未来奠定基础。

最后在第六章，我们将概述商界领袖应如何合理平衡企业的短期和中长期需求，以维护和建立能够在未来多年生存并繁荣发展的成功企业。

我们相信，《混沌时代的管理和营销》将为商业人士提供决定性的新见解、新观点和新系统——包括一套新的战略行为和工具——以成功度过这一新时代难以预测和不确定的阶段——动荡年代。

The Business of Managing
and Marketing in the Age of Turbulence
Chaotics

第一章 新经济时代的到来：从常态到动荡

> 顺境是伟大的导师，逆境更加伟大。
>
> ——威廉·哈兹里特（1778–1830）

世界已经进入了一个崭新的经济时代，国民经济密切相连并且相互依赖。利用互联网和移动电话，人们通过信息流以光速开展贸易。这一新时代带来了积极的一面，即成本下降和商品、服务的快速生产与交付。但是，它也产生了消极的一面，即大幅度提高了生产商和消费者面临的风险和不确定性。一个国家的一个偶然事件或形势变迁——无论是银行倒闭、股市或房地产崩盘，还是政治暗杀或信贷违约——都会蔓延到其他许多国家并产生巨大动荡，足以完全搅乱整个体系直至带来无法预见的后果。

交货不再及时，银行停止放贷并开始敦促还款。雇主们解雇工人，经济开始下滑。企业在决策时变得更为谨慎，它们中止了新产品的开发，削减营销与广告方面的预算。为了自身的长远发展，企业在审慎的决策后决定裁员以维持短期生存并削减投资。著名经济学家约翰·梅纳德·凯恩斯说过，就长期而言，人们都会老去。

在出现众多企业倒闭、房地产止赎、工人失业及收入下降之后，经济最终跌入谷底。基本需求和政府行为可能会阻止损失继续加大，使形势开始略有好转。动荡和悲观情绪被一定程度的稳定和重塑经济的信心所取代。基于对经济复苏的预期，有些企业开始寻求更多的机会和投资。这一切听起来就像传统的经济周期波动，在过度扩张之后总会出现投资缩减直至恢复常态。

然而，即使经济恢复常态，并非所有行业、市场或企业都会如此。正常时期的超级竞争总是持续不断并且残酷无情。当今美国汽车业正经历着一场不折不扣的风暴：几十年来，美国汽车业的竞争力一直落后于其竞争对手，而在产品需求下滑的形势下其自身又面临着高昂的医疗保健成本和沉重的养老金义务。航空行业运输能力明显过剩，可能要做进一步整合。即使不出现全球性金融崩溃，特定行业和组织的日子也可能是动荡不定的。

动荡通常意味着风险和不确定性增加。风险是指可以估算并能为之购买保险的不确定性。然而，在现实中总是存在着一些不可投保的风险，这才是企业决策者真正面临的不确定性。在高度不确定性面前，企业不会寻求收益最大化，更可能会做出使风险最小化的决策，以确保即使最坏的情况发生时，企业依然可以维持生存。

美国国家情报委员会办公室 2008 年发布了一份题为

《2025年全球趋势：转变的世界》的报告。其目的是通过确定关键趋势、推动这些趋势的因素和这些因素的走势，以及这些因素的相互作用方式来激发人们对未来进行思考。它采用许多远景方案以阐明报告中所分析的驱动因素（如全球化、人口、新兴大国的崛起、国际机构的衰败、气候变化以及能源的地缘政治）之间的交互作用，以及给未来决策者和企业领袖带来挑战与机会的各种方式。《2025年全球趋势》不是对未来十年或更长时期的预测，而是对可能引发世界性事件的驱动因素和新情况的阐述。

进一步阅读该报告会强化这样一个观点，即在可预见的将来，世界将面临持续不断的破坏、动荡、混乱和暴力。这些因素将直接或间接影响着全球企业，这就是为了企业长期生存，企业领袖未来必须应对的环境。

2008年11月末印度所经历的那三个骇人听闻的日子就是例证。伊斯兰武装分子在拥有1 800多万人口的商业都市孟买发动了通宵连环袭击，其规模和残忍程度骇人听闻。全副武装的年轻暴徒袭击了两家豪华酒店、一家餐馆、一个火车站、一家犹太人中心以及至少一家医院。枪声和爆炸声响彻孟买上空，179人丧生，300多人受伤，其中包括来自美国、日本和英国的几名外国人，以及孟买的首席反恐官员。还有包括一些美国和英国游客在内的100多名人质被扣押在一家酒店内。

这些袭击加剧了这个本来就动荡不定的地区的紧张程度。作为金砖四国（BRIC，2001年由美国高盛集团全球研究部主任吉姆·奥尼尔创造的一个术语，包括巴西、俄罗斯、印度和中国）之一，在恐怖袭击之前，印度正快速从几十年来的经济停滞中走出来。尽管近年来印度对恐怖袭击并不陌生，但是它已经恢复了大部分元气，保持了经济高速增长的势头。然而遗憾的是，由于当今全球化的特征之一是经济的紧密相联及其带来的脆弱性，有关骚乱的新闻通过全球新闻网络就像计算机病毒一样，瞬间传播到了世界的每个角落，致使印度乃至整个亚洲地区都可能出现经济倒退。毕竟外国企业不愿意将自己的员工和投资置于危险之中。

如图表1-1和图表1-2所示，导致不确定性日益增加的原因很多，这些不确定性将在今后二十年给企业领袖带来更多新的挑战。

根据《2025年全球趋势》的阐述，在今后十年及十年以后，我们可以预测全球会发生越来越多的动荡：新兴市场经济国家政治领袖的频繁更换，重大政策的变革，与日俱增的武装冲突，地方政府和中央政府预算削减及其对企业的溢出效应。我们生活在一个不确定的时代。这意味着全世界各种规模的企业面临着更大的风险，它们需要全新的战略来保护自己，并利用必将出现的机会。

图表 1-1　2025 年全球趋势：有关的确定因素及可能的影响

比较确定的因素	可能的影响
随着中国、印度以及其他国家的兴起，出现全球多极体系。非国家因素——企业、部落、宗教组织，甚至犯罪网络的相对力量也将增强。 目前正在发生的、前所未有的相对财富和经济力量从西方向东方的转移将持续下去。 美国将继续保持其头号强国的地位，但其优势会减弱。	到 2025 年，由单一民族国家组成的"国际社会"将不复存在。力量将更为分散，新参与者带来新的游戏规则，传统/西方的联盟将面临弱化的风险。更多国家可能会被吸引采用中国的发展模式，而不是模仿西方的政治经济发展模式。随着一些国家在经济福利方面进行更多的投入，地缘政治的稳定性将会提高。然而，这一转变将会增强希望挑战西方秩序的国家的力量，如俄罗斯。日益萎缩的经济和军事能力可能会迫使美国在对内和对外政策重心之间进行艰难的抉择。
持续的经济增长，以及到 2025 年增加的 12 亿多的人口，将会对能源、食品和水源造成压力。	技术创新的速度对这一时期的结局至关重要。现有的所有技术都不足以在所需求的规模上替代传统能源结构。
"动荡弧"地带拥有年轻人口国家的数量会减少，但是几个年轻人口膨胀国家的人口预计将维持高增长。	除非阿富汗、尼日利亚、巴基斯坦和也门等年轻人口极度膨胀国家的失业情况明显改观，否则这些国家仍将持续维持不稳定和国家失灵。
由于中东大部分地区的剧烈变化以及毁灭性能力的扩散，发生冲突的可能性会增加。2025 年以前恐怖主义不可能消失，但是如果中东的经济继续增长且年轻人的失业率下降，其吸引力会减弱。对于那些活跃的恐怖分子而言，技术的传播使危险行为的实施变得更加容易。	美国充当中东区域平衡器的必要性会增加，尽管其他大国，如俄罗斯、中国和印度会比今天扮演更重要的角色。由于技术传播和核动力（也可能是武器）计划的扩张，采用化学、生物或核武器（使用核武器的可能性相对较小）进行大规模伤亡恐怖袭击的机会增加了。在日益全球化的世界里，此类袭击的现实和心理后果会得到强化。

图表1-2　2025年全球趋势：主要的不确定因素及其潜在后果

主要的不确定因素	潜在的后果
2025年的时间框架内能否通过改进的能源储存、生物燃料和清洁煤炭的支撑实现脱离石油和天然气的能源转移。 气候变化发生的频率到底有多快以及影响最大的区域到底在哪里。重商主义是否会卷土重来使全球市场萎缩。	在石油和天然气价格居高不下的情况下，俄罗斯和伊朗等主要出口国将会大幅度提升其国力水平，俄罗斯的国内生产总值可能达到英国和法国的水平。向新能源的根本性转换或许会带来的价格持续下滑，可能引发全球和地区性生产商产品的长期下滑。气候变化可能加剧资源（特别是水资源）的稀缺程度。 陷入资源民族主义的世界会增加大国冲突的风险。
中国和俄罗斯是否会进一步推行民主。	没有经济的多样化，俄罗斯似乎不大可能实现政治多元化。日益成长的中产阶级增加了中国实现政治自由化乃至更大的民族主义的机会。
拥有核武器的伊朗是否会引发世界各国的军备竞赛和更严重的黩武主义。大中东是否会更为稳定，尤其伊拉克是否会稳定以及阿以冲突能否和平解决。 欧洲和日本能否应对人口问题引发的经济和社会挑战。 全球大国能否与多边机构合作转变其架构和行为使其适应改观以后的地缘政治版图。	在核保护伞下发生的低强度冲突可能会引发意外的升级和更广泛的冲突。在大多数情形下，可能会加剧动荡。随着该地区与日益强大的伊朗抗衡，以及全球脱离石油和天然气的能源转移，经济增长的复兴、伊拉克的更加繁荣以及以色列—巴勒斯坦争端的解决可能会使局势得到一定程度的稳定。欧洲穆斯林民族的成功统一可以扩大生产型劳动力的规模并避免社会危机。欧洲和日本未能全力缓解人口带来的挑战，可能会引发长期的衰退。新兴的大国对联合国和国际货币基金组织等全球性机构表现出一种矛盾的情绪，但随着它们在全球舞台上扮演的角色越来越重要，这种情况也许会改变。亚洲一体化可能会产生更加强大的地区性机构。随着欧洲军事力量的下滑，北约面临着日益增长的海外义务的严峻挑战。传统的联盟在弱化。

当企业充满信心地面对前方更大的动荡和混乱之时，它们不会很快忘却2008年金融风暴留下的痛苦和教训。企业将谨慎前行并采用风险导向型思维方式。政府将通过立法杜绝此类房屋和抵押贷款泡沫的重演。银行和企业减少以"零订金"方式出售其商品和服务，并密切监测信贷业务以避免出现新一轮的"空中楼阁"经济。

英特尔公司前董事长安迪·格鲁夫在其畅销书《只有偏执狂才能生存》中写道，作为影响特定企业具体力量的直接结果，所有企业都会出现"战略拐点"。当一家企业的旧战略失效且必须代之以新战略才能使之提升到一个新高度时，这家企业就达到了其战略拐点。如果企业的领导者不能成功通过战略拐点，企业就会走下坡路。

直觉或偏执会提醒人们要永远保持警惕，因为你不知道何时一阵突如其来的强风会将企业或整个行业卷入不必要的混乱。有时很小，而有时动荡又很剧烈，例如在2008年全球金融大危机中，市场每天都在经历无法预测和不可控制的大幅度下跌，几乎每个人都被压得喘不过气来。

更加令人不安的是你不得不承认，不管混乱何时到来，你连一根救命稻草都抓不住——除非你能够预见并足够快速地对混乱做出反应，带领你的企业、业务单位、地区或部门安全度过混乱期。

还有一件事使企业领袖们辗转不安：当今环境对企业领袖及其管理团队所要求的工作透明度日益提高。2008年全球金融危机给实体经济中的全球股东造成了上万亿美元的市场价值亏损，也许你和你的企业只是这场危机的牺牲品，但对于你们而言，世界已经永远改变了。许多机构投资者和私人投资者的投资组合——有些还包括员工的养老金和储蓄计划——在数周之内亏损了将近一半价值，现在人们对这些企业的资金投向的透明度提出了更高要求。来自企业的所有利益相关者的监督变得越来越严格。更进一步讲，企业更多的客户、员工、董事会成员、银行、供应商、分销商以及所有的商业和金融媒体将会更加密切关注企业的行动，以观察管理层在诸多层面上是如何经营的。

何谓市场动荡？

回顾一下自然界、科学研究和物理学中动荡一词的概念，有助于理解市场动荡及其对企业产生的影响。自然界中动荡的特征就是猛烈和狂暴。想想飓风、暴风、旋风、龙卷风和海啸吧，它们的共同特征就是猛烈、随机和不可预见。

尽管当今超级计算机已经具备很高的复杂程度和很强的计算能力，但是动荡依然在困扰着物理学家，因为他们很难通过建立模型对其进行预测。数学家们发明了混沌理论，用来研究在给定初始条件和确定性假设的情况下事态的发展。他们指出，一个很小的初始影响都可能会导致混乱呈指数级增长。动态系统——其状态随时间发生演变的系统——的行为呈随机性，尽管该系统并无内在的随机性。

2004年12月26日，在印度洋发生的巨大海啸中，猛烈卷入空中的海水给亚洲带来了巨大的动荡和破坏。尽管旧金山的人们以及在斯图加特上空的飞机中的乘客并未亲身感受到这种动荡和破坏，但科学家们早已推断，海啸对发源地上万英里之外的大气层都会产生影响。1972年，混沌理论之父爱德华·洛伦茨做了一场报告，在报告中他提出了一个问题："一只蝴蝶在巴西轻拍翅膀，可能引发美国德克萨斯州的一场龙卷风吗？"

蝴蝶效应一词指的是蝴蝶扇动翅膀在空气中产生的细微震动可能最终会改变龙卷风的路线，延迟或加速龙卷风，甚至避免龙卷风在某个区域产生。根据该理论，如果蝴蝶没有扇动翅膀，龙卷风的轨迹可能呈现很大差异。科学家们认为，蝴蝶会影响包括龙卷风等大规模事件在内的天气事件的某些细节。

那么，你可能会问，所有这一切和企业动荡有何关系呢？

首先，企业动荡是指影响一个组织业绩的外部或内部环境的不可预见的快速变化。"蝴蝶效应"之所以会产生，是因为我们生活在一个存在着联系日益紧密、相互依赖日益加深而且"全球性"日益加快的全球化世界中。所有人、所有政府、所有企业——地球上的每个人和每个实体如今都在某种程度上相互联系着，动荡对个体的影响会被其他个体以某种方式感受到。

为了便于全面理解动荡（特别是严重动荡）的影响程度以及动荡带来的毁灭性混乱和破坏，我们只要看一看2008年最后四个月就够了。在这四个月中，全球实体经济中上万亿美元的市场价值完全蒸发了，为新当选的美国总统和其他国家的领导人留下了一个需要在全球范围内进行重建的经济残局。

事实上，2008年3月贝尔斯登投资银行的公开垮台就已经启动了此次动荡的过山车。此后，从2008年9月至10月，世界股市遭受重创。10月初，美国主要股票指数——标准普尔500种股票指数仅在六个交易时段内就损失了22%的价值！

2008年9月24日，美国联邦储备委员会主席本·伯南克以及时任财政部长的亨利·保尔森请求美国国会支持7 000亿美元的救市计划（正式名称为H. R. 1424号法案：2008年紧急经济稳市法案）。伯南克告诉国会："尽管联邦储备委员会、财政部和其他机构做出了努力，全球金融市场依然处于超常的压力之下。"

十天之后,为了应对迫在眉睫的危机,欧洲四大经济体的高层领导们召开了一次紧急会议。欧洲中央银行行长让·克洛德·特里谢在会上说:"我们目前的所见所闻是过去从未出现过的。我们面临着二次大战以来从未遇到过的情况。这是一段绝对少有的不确定阶段,要求公共和私人部门做出与事件相符的响应。"

随着美国针对银行业历史性地出台了7 000亿美元的救市计划,欧洲中央银行也推出了1.3万亿美元的银行业集体救市计划,之后,英国、澳大利亚、加拿大、日本、新加坡以及其他许多国家都纷纷效仿。匈牙利和冰岛则一起寻求世界银行的救援,其他一些国家甚至直接向诸如中国和俄罗斯这样的现金充足的国家寻求帮助。

但是,2008年9月29日仍将是金融业不堪回首的日子。那天美国众议院否决了救市方案,华尔街随之以巨额亏损结束了交易,道琼斯工业股票平均价格指数也在几分钟之内狂跌776点,是其有史以来点数下跌最大的一次。

由于银行害怕放贷,甚至害怕放贷给其他银行,信贷市场近乎处于冻结状态。连续八天的亏损掠走了股东2.4万亿美元的财富。形势每况愈下。尽管先期有迹象表明政府可能会通过持有陷入困境企业的股权阻止信贷危机,投资者们还是希望购买安全性更高的国库券，这导致银行和企业的借贷成本再次上涨，甚至包括蓝筹股公司的借贷成本：IBM 公司同意为一笔 30 年期 40 亿美元的债券支付 8% 的利息，是联邦政府借款利率的两倍。10 月 10 日，过山车游戏戛然结束，"市场出现了 180 度大转弯，在不到 40 分钟的时间里，道琼斯指数上涨了近 900 点"。

这一反弹虽然暂时缓解了美国国内的担忧情绪，但却引发了全球金融界的疯狂抛售。突然间，先前关于世界经济之间没有相互影响的大话显得颇具讽刺意味，世界各地的报道都显示事态变得更加严峻。尽管政府在努力地化解这场危机，但全球股市还是出现了暴跌，是 30 年来股票市场最为糟糕的一天。

2008 年 10 月 24 日，在世界大多数股市指数下跌约 10% 之际，英格兰银行副行长查尔斯·毕恩警告说："这是一场一生中只会遇到一次的危机，也可能是人类历史上最严重的金融危机。"

2008 年 11 月 3 日至 6 日，美国联邦储备委员会把利率降至 1%，英格兰银行将利率下调 1.5% 达到 3%，接着欧洲中央银行对该地区的急速衰退也做出积极应对，将利率降至 2006 年 10 月以来的最低水平——3.25%。

随后，美国政府于 2008 年 11 月 24 日出手拯救花旗银行，同意承担其 3 060 亿美元高风险资产的绝大部分潜在亏损并为其注入 200 亿美元的新资本。这是美国政府迄今为止最大的一次银行拯救行动。

从此之后,在日益全球化的世界里,我们将继续经历无法预测且愈发加剧的动荡,战略拐点将会更加频繁地出现,所有企业不得不提高识别战略拐点并快速应对环境变化的能力。常态经济和动荡下的新常态经济的特点可用图表 1-3 加以概括。

图表 1-3 常态经济与新常态经济

特　征	常态经济	新常态经济
经济周期	可预测	无周期
上升与繁荣	可确定（平均 7 年）	不可预测,不稳定
下跌与衰退	可确定（平均 10 个月）	不可预测,不稳定
问题的潜在影响	低	高
总体投资特征	扩张性的,广泛的	谨慎的,集中的
市场风险耐性	接受	规避
顾客态度	有信心的	无安全感的
顾客偏好	稳定的,逐步演进的	不安的,涌向安全港

在常态经济与新常态经济的背景下讨论动荡之前,我们必须给常态经济下一个更准确的定义。纵观经济发展史,始终存在宏观层面（地方、区域或全球的总体经济）的动荡和微观层面（个别企业）的动荡。企业业主和商界人士的工作

始终伴随着一定程度的动荡，这是正常的，因为动荡是常态经济的组成部分，常态经济的一个重要特征就是存在持续若干年的明显经济波动。在过去的半个世纪中，常态经济出现过两种形式的重要的波动：第一种是经济繁荣，平均持续六至七年，常常被称为"牛市"；第二种是经济衰退，平均持续十个月，常常被称为"熊市"，有时也称为"市场矫正"。

尽管出现过诸如1987年10月19日黑色星期一股市暴跌这样的反常现象，但总的来说这两类波动还是很平缓的，而且其动向可或多或少地被预测。1987年10月底，世界主要股市均大幅下跌，然而仅仅用了两年时间道琼斯指数就完全恢复了，到1989年9月，市场已挽回了1987年股市暴跌中损失的所有价值。在这两年的复苏期内，由于企业与往常一样继续参与竞争，所以一旦经济开始出现繁荣的迹象，即使不能十分准确地预测，我们也可以断定：繁荣会持续到下一次市场矫正出现为止。就这样，经济周期重新开始了。

然而，当今充满剧烈动荡的经济迥然不同，在今天及可预见的将来，新常态经济的波动程度要远远超出常态经济，毕竟常态经济在宏观层面上给企业带来了一定的可预测性。今天，我们可以预见到更多更大的冲击及许多惨痛的纷乱，这将会在宏观和微观层面上给企业带来更高的总体风险和不确定性。因此，除了在持续不断的竞争舞台上应对日常挑战并渡过平常的商业周期外，企业领袖还必须辨别日益加剧的影响企业规划的大大小小的动荡。

这种剧烈的动荡是一种新常态，为了今后的成功，企业和政府领袖必须更透彻地理解它、充分接受它并创造新的应对方式。

引发混沌的因素

当今世界日益紧密的相互联系和相互依赖意味着每家企业将面临更大的风险。加大企业风险的决定性因素包括：

- 技术进步和信息革命
- 颠覆性技术和创新
- "他国的崛起"
- 超级竞争
- 主权财富基金
- 环境
- 顾客和利益相关者授权

技术进步和信息革命

信息技术是全球化进程的主要驱动因素之一。1990年代初期以来，计算机硬件、软件、电信以及数字化等方面的进步使得数据和知识在来自世界各地范围内快速传播。信息革命可能是推动新型全球经济形成的最大因素。通过因特网，来自世界各地的买主和卖主可以实现远距离搜索、查询、评估并进行买卖交易，人们不必仅仅局限在本地进行买卖。

由于大多数企业——尤其是大型企业或家族企业——的多数高层管理者出生于工业革命时代，却要在数字革命时代领导企业，这增加了企业面临的挑战。从某种意义上讲，30岁以上的人是数字时代的外来户，而20多岁的人则是数字时代的主力军。信息革命带来了信息过载，从而造成了更大的动荡和混乱。

因特网改变了商业并使之全球化，创造出了买卖双方开展交易、企业管理生产投入流程并销售其产品、招聘者和求职者彼此联络的全新方式。新型媒体——网站、电子邮件、即时通讯、聊天室、电子公告栏、博客、播客、网络研讨会——创建了使具有相同兴趣的人和企业便于找到彼此、相互交换信息并进行合作的全球化体系。

数字技术日新月异，其成本的飞速降低及处理能力的快速提高推动了全球信息技术革命。在过去的二十年中，计算机内存和运算能力大约每六个月就会翻一番。而将来的"云计算"会是推动信息革命最强大的因素，从而使全球化走向更高的层次。

云计算

云计算是指基于因特网的复杂基础结构,将信息技术相关能力"作为服务"进行提供。用户无需了解、精通或控制支撑技术结构即可通过因特网"云"使用"计算"服务。

由于信息技术包含了全球因特网"云",与日俱增的计算活动转入了可以从任何地点接入的数据中心,信息技术也因而变得更为集中化。但是,它将如何影响人们经商的方式呢?

因特网"云"将使数字技术渗透到经济和社会的每个角落,引发一些棘手的政治问题,并使企业不得不面对越来越多的经济动荡。有一点必须承认,那就是企业必须变得像这些技术一样适应性更强、相互更为交织以及更加专业化。这些情况并不新鲜,但是云计算会加快它们的进程。

云计算服务在初创企业中非常成功,它们现在可以和大企业一样接触并利用高质量的软件。如果没有诸如 Amazon.com 及其亚马逊网络服务单位等企业提供的云计算服务,许多初创企业可能根本就不会存在。以 Animoto 为例,它利用人工智能为用户提供将相片转换成艺术性音乐视频的服务,当它在大众化社会网络 Facebook 上推出这项服务时,完全没有料到市场需求是如此庞大，在短短三天时间里，Animoto 不得不将其在亚马逊网络服务器上的虚拟主机从 50 台增加到 3 500 台。

我们在宏观经济层面上也将会感受到基于网络的服务的影响，因为云计算使小企业在与大企业的竞争中更加具有竞争力，它还会帮助发展中经济体与发达经济体展开竞争，这两个因素本身就会加剧各种规模企业的市场动荡。

云计算的全球性这一事实将会引发与其管理方式相关的政治紧张局势。由于云计算涉及大量无国界的虚拟计算机系统和电子服务，政府会竭力避免对因特网的日益失控，这无疑会给那些把信息技术战略越来越多基于云计算的企业带来更多的动荡和混乱。

关于云计算，有一个当今专家们很少提及的争议问题：知识共享。迄今为止，技术尚未解决以简便方式找人以及分享知识的问题。这就是众所周知的"圣杯"，尽管微软公司采用 SharePoint 做了尝试，依然没有解决这个问题。微软公司的 SharePoint 包括基于浏览器的协作和可以用来托管网站的文件管理平台，可以利用这个平台通过浏览器访问共享的工作空间和文件，以及 wikis 和博客等专业化的应用软件。事实上，真正的问题是如何有效而又安全地跨越防火墙以及在有利益关系的企业之间开展协作。在实现知识共享的目标的同时，限制共享过多知识（即仅允许访问一定量的数据）依然是知识共享中面临的最大问题。企业亟待解决的其他遗留问题是沟通与信息。事实上，这种划分方法是错误的，因为信息即沟通，沟通即信息。只要软件公司将这两个领域分开，问题就会出现。

颠覆性技术与创新

颠覆性技术一词是由哈佛商学院克莱顿·克利斯坦森教授在其1995年发表在《哈佛商业评论》杂志上的一篇题为《颠覆性技术：冲击浪潮》的文章中提出的。他在《创新者的困境窘境：企业面对新科技时的挣扎与抉择》一书中又对此进行了深入阐述。

后来克利斯坦森在《创新之道：成功成长之路》一书中用颠覆性创新替代了颠覆性技术一词，因为他认识到，从本质上来讲，极少有技术具备颠覆性，而是技术引发的战略或商业模式产生了颠覆性的结果。颠覆性技术与激进式技术变革的概念形成过程类似。哈佛大学著名经济学家约瑟夫·熊彼特开创了激进式创新如何导致"创造性破坏"及激进式创新对动态经济的必要性的研究。

颠覆性技术

颠覆性技术或颠覆性创新,是指采用"颠覆性"战略,而非"渐进式"或"可持续性"战略实现的技术创新、产品或服务,以颠覆市场上现有的主导技术或现行产品。研究显示,与向市场推出更高性能创新的演化创新相比,颠覆性创新只占少数。真正的颠覆性创新十分罕见。

颠覆性创新的根本特征在于它带来了剧烈的市场变革,导致现有技术很快过时。这种情况给采用既有技术和革新技术的所有参与者带来了很大冲击。在五年的时间跨度内,颠覆性技术包括云计算和普适计算、关联计算、虚拟化和构造计算、扩增实境系统以及社会网络和社会软件。颠覆性技术有可能最终成为"游戏规则的改变者",造成整个行业的混乱,尤其是对那些对周围的动荡因素反应迟钝的企业而言(如图表1-4)。

克利斯坦森将颠覆性技术划分为低端颠覆技术和新市场颠覆技术,前者的目标受众是那些细分市场的顾客,他们并不需要高端市场客户所需要的全方位服务,而后者则是面向存在未满足或未充分满足需求的顾客。

克利斯坦森认为当产品改进速度超过顾客接纳新功能的速

度时，就会产生"低端颠覆"。也就是说当产品的性能超出了某些顾客群的需求时，"低端颠覆"就会出现。颠覆性技术通过提供一种整体性能不如现有产品但是超过了某些细分市场要求的产品的方式进入市场，进而在市场上找到立足之地。

图表1-4 颠覆性技术/创新实例

颠覆性技术/创新	被取代的/被边缘化的技术
微型钢铁厂	纵向一体化钢铁厂
集装箱船；集装箱运输	"杂货"船；码头装卸工
桌面出版系统	传统出版系统
数字摄影	化学摄影
半导体	真空管
个人电脑	大型计算机和小型计算机
音乐下载；文件共享	压缩光盘
电子书	纸质书
网络电话	传统电话

颠覆者一旦在某个细分市场上立足，就会继续开发该技术以便提高其利润率。典型的情况是，主导企业不仅不采取行动捍卫其在微利细分市场上的份额，而且还常常向高档市场转移，集中关注更有吸引力的、更有利可图的顾客。在这个过程中主导企业的市场份额逐渐被挤占，直至颠覆性技术最终满足大多数有利可图细分市场的需求，最后将主导企业

完全逐出市场。

例如，早期的桌面出版系统无论是在特色还是质量方面都无法与高端的专业系统相媲美，然而由于其降低了进入出版业的成本，从而逐渐实现了规模经济并最终达到并超过老的专用出版系统的功能。作为打印机，尤其是激光打印机，由于在速度和质量方面有所改进，它已经越来越具有竞争力。

按照克利斯坦森的说法，当一种产品填补了本行业现有技术未能满足的新兴细分市场的空白时，就会产生"新市场颠覆"。例如 Linux 操作系统刚刚推出时，其性能不及 Unix 和 Windows NT 等其他操作系统。但是，Linux 操作系统比其他操作系统便宜。经过多年的持续改进，现在全世界最快的 500 台超级计算机中已有 84.6% 安装了 Linux 操作系统。

在颠覆性技术的争斗中，颠覆者通常能够击败行业内现有的老技术从而获胜，原因之一是经济刺激的不对称性。在同一领域颠覆者可能会发现巨大的机会，而主导者却只看到很小的机会。最初，主导者甚至可能会觉得被颠覆十分愉悦，特别是当这种颠覆使主导者最无利可图且麻烦重重的客户离去时更是如此。随着其自身利润率的提高，主导者甚至可能会忽视这种蚕食性竞争。颠覆者则继续默默地对其技术进行创新，直至达到足以从主导者手中夺取其核心市场的水平。

颠覆者常常击败主导者而获胜的另外一个原因是大型的

成功型企业按产品划分内部组织机构，部门经理会密切关注其已知竞争对手的产品以确保自己产品的优势地位。许多成功型企业的这一固有的弱点因企业内部传统的孤岛行为而得到强化。这种行为不仅存在于不同产品部门之间，甚至存在于每个产品部门内部。孤岛之间不沟通：研究开发部门与设计和开发部门、生产部门、营销部门以及发展部门之间沟通不足。这种孤岛效应会带来非常可怕的结果，最终使企业成为慢速前行的船舶，而不是飞速行驶的高速游艇。跨领域协作至关重要。然而，相对于产品本身而言，颠覆者更加关注那些不使用主导者产品的客户，并希望知道这些潜在客户有哪些主导者产品未能充分满足的需求。

当遭到颠覆者的攻击时，主导技术企业的管理者的第一个反应通常是保护自己的高薪职位以及他们精心编织的、舒适的经营模式。这些人的典型反应是：闭上眼睛，或许这些攻击就会停止。是的，它偶尔会停止，但通常不会，混乱会接踵而至：匆忙裁员、争吵辩论、顾客实际采纳新技术变得十分困难。主导者竭力推迟技术清算的时间，因为他们最大的问题是必须承担支撑旧技术以及围绕旧技术所形成的经营模式所带来的重担，同时，还要试验、建立并过渡到新经营模式架构。与此同时，技术颠覆者却不必承担这一双重成本。对于颠覆者而言，一切都是可变的，因此相对成本较低。当主导者发现自己已深陷混乱时，颠覆者却积极地乘着动荡的风浪前进。

例如，今天微软公司可以因为 Excel 比市场上其他电子表格软件的功能都要强大而感到欣慰，但是带有免费 Google 电子表格的 Google Docs office 套件的谷歌公司会注意到人们在新旧计算机之间转换文件时所感受到的绝望，以及许多 Excel 用户想到购买最新版本 Excel 要向微软公司支付更多费用时被迫放弃的无奈。如果颠覆者按部就班地开展颠覆行为，那么微软公司目前在电子表格方面的支配地位将会最终让位于谷歌的免费产品。

"他国的崛起"

全球经济史已翻开了新的篇章。在这一阶段，美国以及小部分欧洲国家将不再扮演主导角色。全世界范围的资金和权利的再分配——从美国和欧洲流往资源丰富的国家和亚洲工业化国家以及其他新兴国家——已经持续多年，2008 年的金融危机只是加速了这一进程。

《新闻周刊》的法里德·扎卡利亚阐述了这种新美国病：

美国人的焦虑来自更深的层面，他们仿佛感觉到有一股巨大的破坏力量正追赶着世界。几乎每个行业以及生活中每个层面的旧模式正被搅乱。阿里斯托芬在2400年前写道："宙斯被赶走后，混沌就是主宰。"在世人的记忆中，美国似乎第一次没有处于主导地位。美国人看到一个新世界正在诞生，但却担心由遥远国度的外国人造就这个新世界。

扎卡利亚所述的"他国的崛起"印证了由最引人注目的新兴力量之一引发的动荡和混乱。这支力量包括世界上蒸蒸日上的新兴市场强国，最典型的要数金砖四国（巴西、俄罗斯、印度和中国）以及资金充裕的中东国家。扎卡利亚进一步阐述道，目前世界正进入"现代历史上第三次力量大转移"。

第一次是15世纪左右西方世界的崛起，产生了今天我们所熟知的科学与技术、商业与资本主义、工业和农业的革命，也带来了西方国家长期的政治统治。第二次转移是19世纪末期美国的崛起。工业化之后的美国很快就成为世界上最强大的国家，可能比任何其他国家联合起来都要强大。在过去的20年中，美国的超级大国地位在许多领域大体上没有受到过挑战——这是历史上绝无仅有的，至少自2000年前罗马帝国统治现实世界以来没有过。在"美式和平"时期，全球经济飞速发展，而这一发展就是现代第三次力量大转移——他国崛起背后的驱动力。

在2008年10月世界股市同步暴跌引发全球金融危机之后，中国最初宣布自己相对安然无恙。但数周之后，中国市场对美国和欧洲的深度依赖越发明显，中国经济的高速增长很快减速。中国政府领导人被迫制定了自己的5 850亿美元的经济刺激计划。数周之后，为了大胆展示其新的经济实力，当世界二十国集团领导人在华盛顿召开一次紧急会议，讨论改革世界金融市场，并争取经济大国对国际货币基金组织向陷于困境国家发放紧急贷款提供资金支持之际，中国代表团不仅反对要求发展中国家提供资金的提议，还敦促发展中国家——特别是中国自身——在国际货币基金组织和其他全球机构中发挥更大的影响力。许多分析家们认为，增加在国际货币基金组织的发言权是中国提供资金的价码。"中国经济平稳较快发展本身就是对维护国际金融稳定、促进世界经济发展的重要贡献。"中国国家主席胡锦涛在峰会上对官方媒体说。

中国作为目前拥有最大规模外汇储备的世界第四大经济体，也丝毫没有掩饰其对建立一种尽量避免受美国及美元影响的世界金融新秩序的渴望。拥有1.9万亿美元现金储备的中国与其他亚欧会议成员国一起，计划到2009年中期设立800亿美元的基金以帮助其亚洲后院国家解决资金短缺问题，该计划已经在2008年5月经亚欧会议通过。由于该计划的大部分资金来自中国，中国在国际政治和经济舞台上将发挥更大的影响力。

目前，金砖四国和中东地区对全球经济起着稳定作用，因为这些主要新兴市场经济体的消费一直抵消着美国和欧洲经济放缓的负面影响。在2008年美国和欧洲银行陷入金融市场海啸的那几个动荡不定的月份里，欧洲和美国数家主要金融机构因获得了中东诸国和中国政府的投资而免于破产。

随着《财富》世界500强中来自新兴市场企业的数量的增加，来自美国的企业的数量从2007年的162家降至2008年的153家，是十多年来最糟糕的情况。

正如哈洛德·赛金在其《全球性：与地球每个角落的每个人竞争每件事》一书中所述：

想象一下，来自前第三世界国家的拥有上万亿美元总收入的100家企业——比许多国家的经济总量还要大——与美国和欧洲企业在世界舞台上争夺份额。想象一下上百家这样的企业，再想象一下上千家这样的企业。展望未来，美国、欧洲、日本的企业以及来自其他成熟市场的企业不仅要相互竞争，还要和来自中国以及世界各地的极具竞争力的企业竞争。这些企业来自阿根廷、巴西、智利、埃及、匈牙利、印度、印度尼西亚、马来西亚、墨西哥、波兰、俄罗斯、泰国、土耳其、越南以及其他你根本想不到的地方。

所有来自这些国家的企业将会通过并购像百威这样的西

方领先企业积极进入《财富》全球 500 强企业行列。这种并购十分有利，因为并购带来了经验丰富的全球和本地管理团队以及全球知名品牌。新兴市场企业如巴西的国家石油公司（Petrobras）和英博集团（InBev）、俄罗斯的天然气工业股份公司（Gazprom）和谢韦尔钢铁公司（Severstal）、印度的诚信公司（Reliance）和塔塔公司（Tata）以及中国的联想集团和华为集团将会加剧这种动荡和混乱。这些企业以创纪录的速度成长。随着全球衰退对北美和欧洲的影响超过对新兴市场经济体的影响，他们并购西方企业的速度会加快。事实上，2008 年《财富》500 强企业名单中来自新兴市场的企业数量从 2003 年的 31 家增加到 62 家，其中的大多数来自金砖四国，而这个数字肯定还会保持快速增长。基于目前的趋势，在十年之内，新兴市场企业将占《财富》500 强名单的三分之一。

新兴市场的企业将会继续利用由世界经济和政治力量转移造成的混乱。这些雄心勃勃、积极进取的企业将尽一切力量击败来自发达经济体的竞争对手，因为发达经济体是利润的最大来源。这些来自遥远国度蒸蒸日上的、拥有全球抱负的新贵们将尽一切努力创造必要的混乱以击败或收买来自发达国家的主导企业，从而将竞争舞台夷为平地。

超级竞争

当技术或产品太新以至于标准和规则不固定时，就会产生超级竞争，导致竞争优势不能长久保持。超级竞争的特征是竞争行动激烈而快速，竞争者必须快速行动起来建立新优势并侵蚀竞争对手的优势。超级竞争引起的颠覆性动荡的速度因全球化、更具吸引力的替代品、顾客口味的个性化、放松管制以及经营模式创新而加快，所有这一切都将引起结构失衡、市场准入壁垒的降低以及业界领袖的下台。

《超级竞争：新时代的动态竞争理论与应用》一书的作者、达特茅斯学院阿莫斯·塔克商学院商业战略教授理查德·达文尼认为，竞争优势不再能够长期维持，随着企业颠覆市场的战略决策的实施以及入门限制的消失，优势被不断地创造、侵蚀、毁灭然后重新创造。当今取胜的方法就是使目前市场领袖的竞争优势过时。

* * *

颠覆性超级竞争战略

1. **利益相关者的满意度**是在与竞争者不断变化的交锋中获胜的关键。

2. **战略性预见**是获取知识以预测顾客未来需求的过程。

3. **速度**对利用机会并回应竞争者的还击而言十分重要。

4. **出其不意**可以强化企业打击竞争对手并在竞争对手还击之前提升优势的能力。

颠覆性超级竞争策略

1. **发出信号**以（1）宣布占领市场的战略意图（2）操纵竞争对手未来的行动。

2. **改变市场规则**给竞争者造成巨大的混乱。

3. **同步或依次**采用若干步骤猛烈攻击以误导或迷惑竞争者。

* * *

在混沌时代，竞争的天平从行动迟缓、试图捍卫其地位的主导者明显倒向行动快速、具有旨在专门颠覆市场领袖竞争优势战略的进攻者。这些市场领袖通常是较大的、拥有更多传统（且越来越过时的）竞争优势的、故步自封的企业。竞争优势愈发昙花一现，最成功的企业是那些在动荡和混沌中从一个竞争地位转向另一个竞争地位的企业。

在混沌的超级竞争环境中，那些创造新竞争优势的速度慢于旧竞争优势消亡速度的企业的利润会比较微薄，尤其是在过时了的高代价战略使得许多企业无法快速适应并采纳新的混沌管理系统行为的情况下。

主权财富基金

主权财富基金是由股票、债券、产权、贵金属或其他金融工具等金融资产构成的国有投资基金。主权财富基金已存在多年，但是自 2000 年以来，其规模大幅度增长。有些主权财富基金是在管理国家金融体系过程中积累的资金，由中央银行独家持有。这类基金在经济和财政方面具有重要意义。其他主权财富基金只是国家的储蓄，由各类实体进行投资。

在 2008 年全球金融危机中，数家欧美金融机构因接受中国和许多阿拉伯国家的主权财富基金而免于破产。这充分说明了"他国的崛起"，以及在崛起的国家中，哪些国家将在新的时代里呼风唤雨。

在这一新的经济时代里，过去半个世纪全球化的长期驱动因素将不再发挥其原有的主导作用。9·11 恐怖袭击以来，在世界范围内，资金和权力从欧美流向亚洲物产丰富的国家和新兴工业化国家的再分配进程已进行多年，其间，随着全球化势头的日益迅猛以及石油、天然气和其他商品价格暴涨，中国、俄罗斯、中东以及其他新兴经济体开始积累巨额资金。

近年来，主权财富基金通过在华尔街几家大型金融企业——包括花旗集团、摩根斯坦利和美林集团——的投资而使其在世界范围内受到关注，投资的原因是这些企业在 2008 年

1月次贷危机初期出现亏损而急需资金。2008年晚些时候因危机造成的巨额亏损只是加速了这一变化的过程。

中国、新加坡、迪拜和科威特丰裕的国有投资基金控制着差不多4万亿美元资产，目前及在可预见的将来，它们可以大手笔地花钱进入华尔街和伦敦及欧洲的主要交易所，掀起一场轩然大波（见图表1-5）。

到目前为止，大多数主权财富基金依然十分谨慎，部分原因是过去的投资成果欠佳。例如，中国投资责任有限公司于2008年6月在私人股权企业黑石集团首次公开发行时投资了30亿美元，在此之前的2007年12月，前者在摩根斯坦利投资了50亿美元，而上述两例投资在数月内就出现了巨额亏损。此外，油价下跌也减少了这些基金的来源。

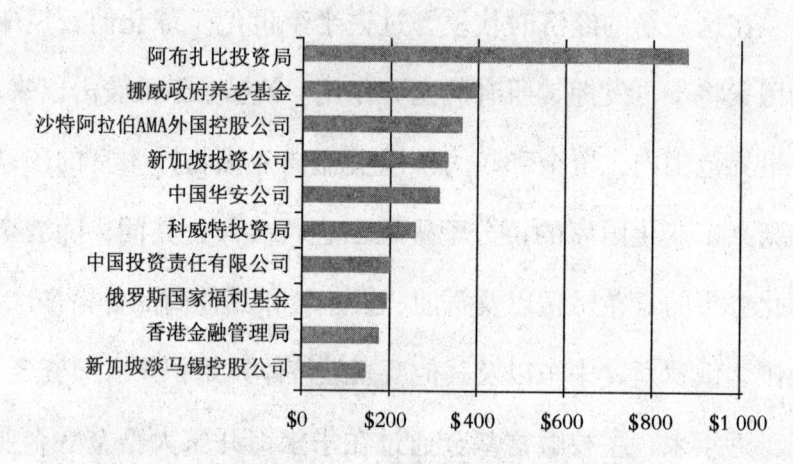

主权财富基金	资产（10亿美元）
阿布扎比投资局	~875
挪威政府养老基金	~400
沙特阿拉伯AMA外国控股公司	~365
新加坡投资公司	~330
中国华安公司	~312
科威特投资局	~265
中国投资责任有限公司	~200
俄罗斯国家福利基金	~200
香港金融管理局	~173
新加坡淡马锡控股公司	~160

图表1-5　2008年十大主权财富基金（10亿美元）

资料来源：2008 Sovereign Wealth Fund Institute Inc., 2008年更新，http://www.swfinstitute.org/funds.php.

但是目前的时机可能有利于主权财富基金。由于预测2010年以前美国和欧洲的经济将陷入严重衰退,美国和欧洲的股价逐月下跌,美国和欧洲反对亚洲、俄罗斯和中东买主的呼声也越发微弱。当世界经历着全球性衰退之时,人们将会欢迎由来自这些地区的资金来稳定西方的经济体。

最终由主权财富基金在这些市场投资引起的大部分动荡或许是压抑民族主义和保护主义的结果。在西方国家伸出欢迎之手,请求主权财富基金帮助稳定其摇摇欲坠的金融市场前,美国和许多欧洲国家政府对此普遍存有疑虑,而这种情绪可以追溯到2006年美国政府拒绝迪拜海港世界公司提出的在美国数个主要海港进行投资的建议。

随着2008年各种言论的增多,这种犬儒主义的思潮继续蔓延。美国国会议员和国会调查人员公开表明,是主权财富基金和其他投机者无节制的活动造成了近几个月油价的戏剧性波动,由外国政府经营的大规模投资基金是美国石油以及玉米和棉花等其他关键产品交易中的最大投机者。2008年底,法国总统尼古拉·萨科奇在一次欧洲领导人会议上称,欧洲应当拥有自己的主权财富基金,购买受全球金融危机重创企业的股份,以免遭"掠食者"伤害,并重申了他会保护无辜的法国(和欧洲其他)企业免遭"十分具有侵略性的"主权基金侵害的承诺。

在金融动荡归于平缓时，对于极其富裕而又缺乏透明度的主权财富基金的潜在担忧，必将促使贸易保护主义情绪的抬头。这种担忧将会因许多西方人对寡头和国家资本主义固有的鄙视而进一步加剧，而这两类资本主义在拥有最多主权财富基金的新兴市场十分普遍。

最后，通过企业并购和主权财富基金在美国、欧洲和其他西方经济体投资，在全球经济中，国家（通常是不民主的国家）的角色快速膨胀，随之而来的西方政府和企业不可避免的"抗争"，从而形成了企业必须应对的新动荡和混乱的来源。

环境

对于许多商界领袖而言，一谈到环境，最常联想到的问题就是风险和机会。在管理风险时，企业的首要目标往往是规避与工伤事故、消费者抵制或环境诉讼有关的费用。在商业环境日益动荡不定的情况下，所有的可能性都提高了。在管理机会时，企业必须权衡日常诸多投资机会的收益。

所有企业都面临着保护稀缺自然资源和减少污染的更大的压力，以抵御全球变暖从而避免地球上的生命出现无可挽回的损失。不论投资回报如何，这些要求都增加了总体运营成本。"绿色运动"风起云涌，其影响力正在扩大。人们呼吁公民和企业在消费和投资时要更加富有责任感，自觉保护环境、节约资源。尽管大多数企业愿意支持绿色运动，但却难以向股东证明企业在环境保护中的投资确实奏效。真正的担忧是可能出现投资过度。在全球金融市场崩溃之后，企业没有很多可自由支配的资金投资于不能直接带来稳定回报的新项目。相反，大多数企业现在认识到，从基于可持续发展的商业战略和创新来看，清洁能源、水、食品、运输等快速增长市场的收益已经探底。通用电器公司就试图通过提供能源和污染问题的解决方案来盈利。

某些对环境的投资，需要企业认真加以考虑，尤其是在高度重视环境问题的利益相关者越来越希望对企业的经营方式发表自己的意见的情况下。根据《麦肯锡季刊》在2008年9月进行的调查，与上一年相比，更多的企业管理人员称他们现在把环境问题看作是机会而不是风险。管理人员回答了与公众关系最密切的问题。与一年前进行的那次调查相比，包括气候变化在内的环境问题跃居管理者社会政治议程的首位。1 453名管理者中超过半数将环境视为他们期望引起公众和政治家注意的三大问题之一，并认为这是影响股东价值的最重要的因素。

因为竞争对手进行绿色投资的速度千差万别，至少在短期内如此，形势会有利于那些敷衍了事的企业。在某些市场，要建立公平竞争环境就要求政府出台更多的监管和强制措施。这些措施的总体效应将会加剧行业内和行业间动荡的程度。乍看起来，相对于强制实行"绿色"投资的可能性较低的欠发达国家，美国和欧洲很可能处于竞争劣势。西方可能会藉此放松对本国投资的监管，形成对每个人都十分危险的生态环境。

最终，随着环境因素开始影响企业的业绩，企业的价值有可能改变。这种改变对现金流的短期影响可能十分有限，但是对某些行业的影响终将会变得非常明显。随着国家和企业开始更加积极地用实际行动表示对环境问题的关注，包括使用可能十分昂贵的二氧化碳减排系统，对部门和企业的评价标准也会随之发生重大变化并且变得越来越清晰，其可预测性也会越来越强。第一个关键步骤是审查并量化企业违反目前或未来监管措施（如碳定价、新标准、税收和补贴）的情况，考察新技术的发展以及因环境引发的顾客和消费者行为的改变。企业管理者必须了解，如果其他企业采用新的经营模式并快速实施"绿色"投资，特定变化会如何影响企业的竞争地位。

为了提前应对环境问题引起的干扰或混乱，最好的企业最终会把包括公共部门和私人部门在内的所有利益相关者召集起来，共同帮助企业制定可持续发展战略，从而，具有环境效益的"绿色"解决方案也会为"绿色"投资者带来丰厚的回报。

顾客和利益相关者授权

过去,企业主导着信息渠道,他们在广播、电视、广告牌以及报纸杂志上同时发出强大的品牌信息。顾客如果想更进一步了解品牌或卖主的资料,只能求助于自己的经验或亲朋好友。这种"不对称的"信息沟通方式有利于卖方。

在过去十年里发生了一场革命。今天的消费者还会继续从卖主那里接收广告,但是他们也可以从Facebook或MySpace上的数百个"朋友"那里获取信息,还可以在Angie列表或Zagat上在线查询报道,并了解和自己类似的企业和人们对某企业产品或服务的看法。渐渐地,世界各个国家和地区都拥有了自己用于连接企业和他人的以分享经验为目的的新的在线交互网站。

这意味着,客户和其他利益相关者在营销过程中不再处于被动的地位。他们在做出选择时,可以尽可能多地了解某家企业及其产品或服务。此外,顾客和所有利益相关者可以将所学的知识,通过博客、播客、电子邮件或聊天方式告诉自己网络中的其他人。

"在这个世界上,你不可能躲在幕后。真实性是关键,如果有任何缺乏真实性的迹象，消息就会像病毒一样在消费者之间传播……这就是服务设计极其重要的原因。"知名创新与概念形成专家安娜·基拉如是说。"要理解一点，那就是人们把公司看作服务本身。人们购买的是经历，而非产品或服务，如果没有满足人们购买经历的期望，企业就要付出高昂的代价。"基拉总结说，"完整地看待这一过程在今天信息革命的大背景下至关重要。"

这席话的深刻含义在于，生产不合格产品或提供低质量服务的卖主将会比以往消失得更快。体验过某种产品或服务的企业和人们产生的大量口碑终将弃恶扬善，并会鼓励好的企业越做越好。因此，顾客和利益相关者授权作为一种催化剂，会使真正的竞争者对其产品或服务进行持续不断的改进。

出于同样原因，口碑能够给卖主造成动荡和混乱。一个在商业飞行中经历过糟糕服务的人，可以创建一个针对该航空公司的网站，并欢迎其他有过类似经历的乘客讲述他们的遭遇。一个愤怒的顾客或消费者能够毁掉一家成熟的企业。警觉的企业必须致力于实现较高的顾客满意度，并监测因特网上的言谈，以确保企业不至于被哪个愤怒的客户或消费者破坏掉。在当今世界里，一句愤怒的话语可能会影响上千人。

维珍航空公司和英国航空公司就曾遭受社会网络负面宣传的伤害，并为此付出了代价。2008年10月，维珍航空公司解雇了13名机组人员，因为这些机组人员曾在Facebook论坛上抨击公司安全标准并张贴侮辱部分乘客的评论，他们还开玩笑说该公司的飞机上到处是蟑螂并称旅客为"非主流"，这是英国对于品味低下人的轻蔑用语。数周之后，英国航空公司的几名员工也在Facebook帖子上称某些旅客"有臭味"和"烦人"。尽管这两家航空公司都声明自己有禁止员工在线张贴此类信息的规定，并提供了发泄不满的内部渠道，但这两个措施没有一个足够有效地阻止员工在因特网上公开诋毁公司。

《经济学家》情报部在2008年进行了一项研究。这项研究包括来自650名企业管理者的反馈，超过半数的反馈者是总裁级高管。研究显示，企业变革的关键驱动力是员工、供应商、投资者以及最重要的顾客之间因技术而得到强化的相互影响。资料还显示，在今后的五年里，作为与这些受众之间建立并维系强大在线商业互动关系的手段，通过固定和移动设备收发的电子邮件将巩固其作为最重要沟通渠道的地位。该项研究的主要内容有：

- 电子邮件（根据93%的受访者）和万维网（81%）作为首选的商业沟通渠道保持了它们的领先地位，并且在2013年以前这种情况将会维持下去。
- 2013年以前，其他新兴的"联网"渠道将普遍增加，使企业能够产生新的内部能力并与外部合作者进行更好的合作。

• 通过技术实现的顾客授权将会对企业产生深远的积极影响。超过76%的受访者相信这一授权将会对新产品和服务的开发产生积极影响，73%的受访者预计它会对企业的收入产生积极影响。

• 许多机构认为，2013年之前对企业经营模式最显著的影响将会是由技术引发的运营变革带来的。

• 管理者预期技术变革将大幅度影响企业的顾客服务（40%的受访者）和市场营销（24%）主动权，而上述两者又严重依赖电子邮件和网络通讯。

在日益加快的技术和社会变革面前，电子邮件已成为新的"蜗牛邮件"。传统企业不会很快认识到这一点，它们也将因此败给那些采用更快通讯媒介的企业。因特网和万维网使授权的消费者和企业进行沟通和合作，由于顾客要求在与企业的互动中发表更多意见，这使各种规模的组织都可以将顾客的参与由风险转变为机会和长期的成功，从而获得好处。

结论

在回顾了造成变化和动荡的主要因素之后,企业必须认识到,他们不能再像过去那样经营,即常态和繁荣市场时期采用一套方案,下跌和衰退市场时期采用另一套方案,当今市场上的所有企业必须能够在存在一定程度动荡的环境中经营并从事买卖交易。企业现在需要的是面对断断续续的不可预测的动荡时具有操作性的新战略框架。

在论述1990年代初期在深度衰退中出现的动荡时,彼得·德鲁克写道:

在动荡时期,企业必须能够同时抵御突如其来的打击并利用不期而至的机会。这意味着在动荡时期,企业必须对基本要素进行管理,而且要管理好。

动荡产生的速度快得惊人,使许多企业猝不及防,以至在动荡带来的混乱面前异常脆弱。进入这一新时代后会面临巨大的机会,但也会有重大的风险。虽然商业动荡不可避免,但是企业可以选择自己面对动荡的方式:它们可以航行于动荡之中,也可以陷入动荡的泥潭;它们可以忽视或抵抗动荡带来的混乱,同时设法坚持并生存下来,也可以先人一招将

43

动荡的力量为我所用。

当前企业必须培养、制定能够快速发现并预测自身环境中动荡的技能、系统、程序和方法，并从随后出现的混沌中确定自身的缺陷和面临的机会。企业必须明智、慎重而坚定地做出应对。

我们在撰写本书时一直牢记这一意图。在本书中，我们分享自己对企业如何应对动荡的见解和观察，并试图指导企业以帮助它们比竞争对手生存得更好。我们提供了构建早期预警系统的原则，以识别能够为发现并预测动荡提供些许线索的微弱信号，而现实中大多数企业都错过了这些信号。我们描述的不同的远景方案可以用来设想在不同的新力量作用下结果会如何，并考虑了每种情景下避免损失或使损失最小化的应对方法。我们在第三章中介绍设计混沌管理系统的方法和核对清单，以便在混沌时期使企业更加健全和有活力，以干练地对风险和不确定性进行管理，并巧妙地利用机会。

本书提出了混沌管理系统的概念，旨在通过发现动荡源、预测随后出现的缺陷和机会，并制定决定性的、切合实际的应对措施以确保企业长期繁荣兴旺。其目的是实现企业可持续发展（在第六章中详述）。

在企业的整个发展过程中，所有商界领袖都会十分注重创建战略、组织结构和企业文化，从而创造"一流的客户价值"。在动荡时代，最大限度持续不断地创造价值，要求采取一整套新的行为。

在本书中，我们并非提倡保守的、规避风险的战略，而是鼓励采用警觉的、谨慎的做法。这样既可以在动荡时期保护企业以免遭破坏力量的伤害，而且能够提升其自身的利益。这是一种针对经营风险的防御性做法，可防止稳健的企业管理方式被狂妄和贪婪所破坏。

我们把本书看作是针对各行各业商界领袖的参考手册，以帮助他们镇定自若地面对前方混沌的局势，并在动荡之年取得成功。

The Business of Managing
and Marketing in the Age of Turbulence

Chaotics

第二章 当前管理层对动荡的危险应对

> 别人贪婪的时候，我恐惧；别人恐惧的时候，我贪婪。
> ——沃伦·巴菲特，伯克希尔-哈撒韦公司首席执行官

关于动荡造成的不确定性有一条绝对真理：动荡持续的时间越长，人们就会变得越谨慎。当企业无法预见顾客的期望时，它们就可能会放弃核心原则，从而会引发一系列十分危险的动荡，促使那些健康而又备受尊重的企业承受釜底抽薪之痛，同时使商界领袖做出合理决策的能力大打折扣。

无论在何种商业环境下，企业管理者都应努力提高经营效率，降低非生产性开支，尤其是在出现膨胀迹象的领域。让我们正视现实吧：正如近年来的情况一样，在较长的经济上升时期，规律往往会出错。

常常发生的情况是：企业管理者处理迫在眉睫的麻烦时会过于自信，往往不承认自己的行业或企业面临任何真正的危险。然后，当经济衰退成为不争的事实时，他们就全面削减开支，包括从营销和研发开支到员工人数的所有项目。最后，当复苏的迹象随处可见时，他们又打开支出的闸门，以显示他们的实力并重建士气。虽然这些方法在形势严峻的时

候似乎是合理的，但是它们最终会损害企业的竞争地位和财务业绩。在动荡年代，这种损害可能会造成不可挽回的损失。

事实是这样的：经济不确定性就像是一副迷药，它可以导致最通达谙练的首席执行官犯下严重错误。当恐慌蔓延并且达到顶峰时，许多商界领袖都会退缩：他们在不该削减成本的地方削减了成本；他们解雇英才、回避风险、减少技术和产品开发；最糟糕的是，他们让恐惧主宰了自己的决策。这些行为不仅会严重阻碍企业的发展，甚至可能会毁掉企业。

未雨绸缪不是抵御风暴的唯一办法，只是最有预见性的方法之一，但不一定是最有利于企业利益的。坦白地讲，是商界动荡促使管理层出现了错误应对。许多企业的管理者在应对动荡及其带来的混乱时，会考虑采用下述两种传统方法中的一种：一是很少（如果有的话）采取预防措施，似乎以为风暴终将散去；二是干脆随便做出决策，不是削减成本就是不顾一切地陷入"奇想"，在一些新的无关领域进行投资和下赌注。

似乎大多数企业高管都十分害怕衰退，但欧洲最大的廉价航空公司瑞安航空的首席执行官迈克尔·奥利里却不然。"我们喜欢衰退，"2008年11月当航空业陷入混乱之际，奥利里在接受一次采访时如是说，"对于我们来说，这个冬天最好的结果就是经历一次有益的深度衰退。"

欧洲另一家主要廉价航空公司的创始人及首席执行官（瑞安航空最强劲的挑战者）并不赞同奥利里的观点。瑞安航空和易航航空的分歧在近期航空业的全面动荡时期显得更为引人瞩目。就在奥利里宣布大规模扩张瑞安航空的同一周，易航航空的斯特利奥斯·哈吉·埃安努则敦促其管理团队谨慎行事，这种做法恰恰是奥利里所不屑的。

奥利里认为经济衰退会迫使弱小的运营商削减航线，而他的航空公司可以趁机挺进。他还认为，瑞安在低迷时期可以从燃油价格下跌、劳动力成本下降以及资金短缺的竞争对手可能取消的新飞机订单中受益。因此，随着经济衰退降临欧洲以及其他航空公司的收缩与合并，奥利里的扩张计划出笼了。尽管短途空中运输呈现下滑的迹象，奥利里仍然声称到2012年瑞安航空的利润和客流量都将翻一番。

2008年10月，在瑞安航空大胆行动的背景之下，欧洲一家快速成长起来的廉价航空公司——斯特林航空公司在其冰岛投资者囊空如洗之后宣布倒闭，使这家拥有飞机数量居丹麦第二的航空公司成为当年全世界倒闭的二十多家航空公司的新成员。

只有像瑞安航空的奥利里那样的少数几个有胆识的人才会有胆量蔑视世俗，逆水行舟。这给他们带来了极好的机会，能够将他们的企业置于战略性地位，获得更多的市场份额并增加股东价值。最好的高层管理者通常都会避免采取那种不顾一切的极端做法，而是会在做最坏打算的同时，把业务集中于企业的优势领域。而不论市场环境如何，混乱都会给那些在目前环境中找到机会的企业带来好处。从本质上来说，我们可以亲切地称之为混乱本身的物竞天择过程，这个过程决定着企业的胜负。今天成功的企业明天不一定也成功，反之亦然。

事实上，麦肯锡管理咨询公司提供的资料显示，在2000~2001年的经济衰退中，几乎40%的美国主要工业企业都从本行业前1/4强的地位上滑落了下来。美国有三分之一的银行面临着相同的命运。与此同时，有15%的在经济衰退前并非行业领袖的企业经过衰退变成了企业领袖。

对所有管理者而言，这些时期都可能是十分危险的。甚至当企业看起来一切正常时，它仍然可以因动荡而一败涂地，即使那些处在动荡周围的企业也无法幸免。一度被认为会永远强劲的全球顶级投资银行和证券企业——高盛公司，在美国国际集团开始陷入困境并连累其客户时，也发现自己在拼命地寻找救命稻草。

高盛公司：风险与不确定性的案例

企业界谁也想象不到，更预测不到贝尔斯登公司会被强迫收购、房利美和房地美公司会被托管、美国国际集团会濒临破产而亟待拯救、雷曼兄弟公司会破产并被出售、美联银行会出售给花旗银行随后又出售给富国银行、美国银行会接管全国金融公司——所有这一切都发生在2008年的最后几个月里。全球经济就像经历了一场离奇荒诞的梦一般，在这一过程中，即使是那些看似势不可挡的企业也面临着灭顶之灾。

也许在这场动荡和危机中最令人震惊的是有关高盛公司的报道，这些报道称如果美国政府不从流动性危机中拯救这家全球商业巨头，那么它将会在与美国国际集团的交易信用风险上亏损200亿美元。

在这场风暴之前，人们一直认为高盛公司不会陷入同其他公司一样的困境。当2007年次贷危机爆发时，高盛公司"越来越被看作是世界最大的对冲基金"。在其他金融机构舔舐伤口之际，高盛公司却自恃取得的成功而沾沾自喜。那么在其他企业失败之时它是如何取得成功的呢？

高盛银行在9月20日发布的2008年第三季度报告中透露了这一秘密。"尽管市场环境持续恶化，抵押贷款的（交易）净收入仍在明显提高。抵押贷款的收益在弥补非优惠贷款的巨额亏损之后还绰绰有余。"换句话说，高盛公司通过发放次级抵押贷款，在2008年的抵押债券危机中赚了一大笔钱。

据说，高盛公司风险管理负责人早就发现了抵押担保证券（次贷）的风险，并向高盛公司的管理委员会提出了警示。他建议尽可能多地抛售可能"有毒的"债券，对于那些无法抛售的债券他又通过与再保险商签订保险合约来转移风险。

高盛公司似乎什么都没有做错，但它在次级抵押贷款危机中仍然陷入了困境。这又是为什么呢？风险被转嫁给了美国国际集团，而后者无法兑现其对高盛公司的保险承诺，也不能兑现对其他任何人的承诺。美国国际集团需要美国政府高达1 438亿美元的贷款和资金救援，还需要更多的联邦紧急援助资金。令许多人震惊的是，其金额极其巨大——几乎是原发放贷款金额的两倍。到2009年3月中旬，美国国际集团报告称其上一季度的财务业绩令所有人震惊，出现创纪录的617亿美元的亏损，是美国（乃至世界）第一个季度亏损最大的企业。同时，美国政府估计美国国际集团还需要美国纳税人提供2 500亿美元的资金以进一步支撑其财务地位。

我们从以上的案例中总结了两个教训：第一，风险是可衡量的，因此它是可以投保的，而不确定性则不能。第二，在这个相互依存和相互关联日益加深的新世界里，世界上任何国家的任何行业的任何一家企业，甚至其任何一个股东都可能在其业务活动中制造动荡，从而毁灭该企业，而且毁灭得又狠又迅速。

混乱能够向即使是最成功的管理团队提供的唯一保证就是，在动荡时期，尤其深度动荡时期没有任何保证。这就是为什么随着混乱的出现越来越频繁和越来越难以预测，管理层必须更清楚地了解动荡和进行充分准备以避免在动荡到来时犯最常见的错误的原因，它们必须顺利度过动荡时期（见图表2-1）。

图表2-1 度过动荡时期

	1. 对动荡的态度	2. 应对动荡的措施	3. 走出动荡
传统的双方案法	·树立信心十足的、一切照旧的态度，将即将到来的动荡的程度降到最低，消除员工的恐惧 ·在进行结构变化之前，树立"等着瞧"的态度	·进攻性的措施，如在全国削减成本，包括裁员 ·取消新项目 ·取消新产品开发与推介 ·取消并购	·弥补过去的错误，为了赢利精简规模并试图重建业务（员工、顾客以及其他利益相关者）
混沌管理系统	·将新的战略行为融入关键业务和职能部门，以保护核心业务和市场，并以牺牲弱小的、准备不足的竞争对手为代价谋求自我发展	·扩展你的资源，争取所有的战略利益相关者成为合作伙伴来确保成功 ·收购竞争对手、网罗人才、获取新资源以确保核心业务更强有力	·保持稳步前进势头 ·有目的地维持经济增长以应对摇摇欲坠的竞争对手

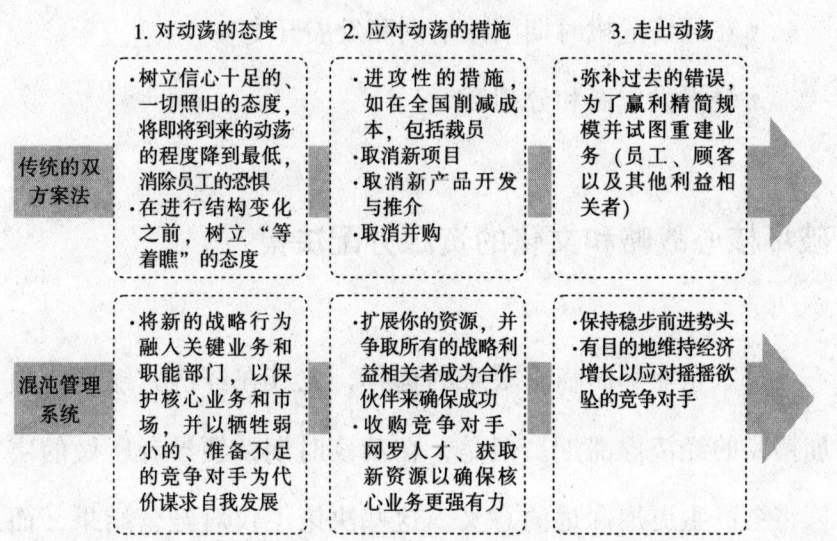

有些企业在经历动荡之后会变得更加强大也更加受重视。在做出有悖于常理的战略选择之后，与以前同类的企业相比，这些企业的股票价值就会提高，而且在其所在的行业里也拥有了更多的发言权。

现在让我们把注意力转向商界领袖在动荡袭来时最常犯

的错误：

- 破坏核心战略和文化的资源分配决策
- 全面削减开支与集中审慎的行动
- 维持现金流量的快速解决方案，危及利益相关者
- 削减营销、品牌以及新产品开发的费用
- 销售降低时的价格折扣
- 降低销售相关费用以摆脱客户
- 在经济危机时期削减培训和发展开支
- 轻视供应商和分销商

破坏核心战略和文化的资源分配决策

每家企业都面临着艰难的选择，尤其在经济紧缩期或更加糟糕的经济停滞期。但是，在动荡时期，领导者所做的决策将会产生更加深远的意义。这些决策不仅对经营结果，而且对员工、士气以及企业特有的文化和价值观都会产生深远的影响，尤其是当决策破坏了企业的基本准则，未能满足顾客的期望时更是如此。

家得宝公司就是一个很好的例子。鲍勃·纳德利 2000 年就任家得宝公司首席执行官时，似乎缺乏全心全意投身于企业的热情。虽然他所提倡的干预措施是绝对必要的，包括建

立一个更为严格的战略进程和改进该公司的信息技术基础设施以达到最领先的水平,但是在这个过程中,他却忽视了企业最为宝贵的财富:那些动手主义者和包工头们,正是这些人构成了其核心客户群。

家得宝公司原有的战略依赖于十分专业的服务人员,这些人为了帮助客户实现他们的目标而愿意额外付出。纳德利以提高效率为名,缩小了服务范围,启用一些经验不足的员工来取代不少经验丰富的老前辈,并且使整个企业执行严密的、数字驱动的,几乎是军事化的计划。他的许多变革再次取得了较好的效果——但是文化、客户网络和经验的缺失最终使企业得到了应有的惩罚,纳德利也被解雇了。(纳德利后来成为克莱斯勒公司的首席执行官,在2008-2009年联邦政府救援美国汽车制造商期间还担任该职务。)

这一故事的寓意在于:永远不能忽视企业的核心价值观。破坏文化和资源重新配置可能会造成长期负面影响,这不仅能弱化企业的基本原则,而且很可能会像家得宝公司一样,对其品牌造成负面影响。

此外,在一篇题为《你的增长战略是你最大的敌人吗?》的文章中,麦肯锡的顾问们写道:"从低效的进程撤出资源最终可能会提高成本而不是降低成本。管理人员经常想通过重新配置资源省钱,但这种做法很少奏效,除非所有相互交织的过程同时得到改进。"作者接着指出：

> 资源的局限设置了一个效率的收缩螺旋。比如说，因为我的经销商向我保证目前的促销计划即将结束，所以我才购买汽车。但十天后，我发现该计划不仅延长了，而且价格还更优惠了，我有理由感到恼怒。如果客户的不满意蔓延开来，产品销售业绩将会下滑，导致汽车销售出现缺口，原始设备制造商可能会试图通过推出更多的"甜头"加以填补。这些"甜头"首先就是不满的根源。促销开支随后达到预算限额，促销计划被迫压缩以节约费用，从而变得更加缺乏效力，进而导致销售额再次下滑，最终形成了一种恶性循环。

现实是严酷的，经济下滑时期，企业必须削减某些成本，有时为了生存，企业还必须大幅度地削减成本。但重要的是这些节省费用的措施不能损害企业的独特性，不能去回避客户的需求和期望，或危害企业文化和价值观。最后，莎士比亚的忠告"做真实的自己"也适用于当今正在经历动荡的企业。

全面削减开支与集中审慎的行动

在汉语中，"危机"由两个汉字构成。"危"表示危险，

"机"则表示机会。相对于集中审慎地削减开支的企业来说，这些汉字象征着全面削减开支的企业所面临的危险。管理者必须关注最终目标，即一旦市场复苏，使企业成为领先者。然而很多管理者在全面削减开支时，很少考虑到这一点。

　　动荡时期管理者的决策无论正确与否都将决定经济回升后企业的命运和地位。钻石管理与技术咨询公司于2008年11月份发表了一份题为《切勿浪费危机：来自上一轮经济衰退的教训》的报告，他们发现在上一轮严重经济衰退时期大幅度削减开支的企业中，有48%的企业不是衰败了就是落后了，然而在2001年经济衰退期间，半数以上的企业的总利润都提高了，到经济衰退结束时，总利润平均提高了20%。钻石公司负责创新和研究的任事股东约翰·斯维奥克拉注意到："我们的研究表明，在很多领导者想缩短时间跨度，随意全面削减开支之时，那些优秀的企业管理者则深入了解他们的企业业绩数据并在竞争中取胜。大家都在削减成本，但是能否通过削减成本改进企业的规划和业绩则是企业成败的分水岭。"

　　钻石公司的研究进一步发现，根据进入和退出经济衰退的方式，一般可以将企业分为四类。**"强壮者"** 是指在衰退前后都一直处于同行业的前1/4强的企业。确定为**"机会主义者"**的企业在经济衰退中出现反弹，其财务业绩比同行高出10%或更多。在这一排行的另一端，被称为**"底层流浪者"**的企业无论在什么经济形势下，其表现都没有太大差异。最后，被称为**"失望明星"**的企业在经济衰退之后与被调查的其他企业相比，财务业绩通常要更差些，与其同行相比往往会损失10%或更多。

许多领导者认为在动荡时期削减开支难逃一死，不削减开支也难免厄运。削减哪些开支？削减多大幅度？或者是否应该增加开支？这些决策的净效应会如何？沃伦·巴菲特会怎么做？但愿"奥马哈先知"能够给每位管理者正确的答案。

在2008年10月于沃顿商学院举行的埃琳·安德森企业对企业（B2B）研讨会上，当宾夕法尼亚州企业市场研究所教授、研究总监加里·利连被问到在经济衰退时期企业是否应当增加开支这个问题时，他的回答是：

每个人都在寻找唯一的答案，但实际上答案不只一个。我们对（相关）问题做了一些研究，并发现确实要视情况而定。事实上，那些我称为拥有"技巧、意愿、钱匣子"的企业应该增加开支并着眼于吸纳新客户，同时留住现有客户。"技巧"是指它们具有营销专长，"意愿"是指它们具有逆流而上的企业文化，"钱匣子"是指它们拥有可投资的资源。

这个比喻是说，最好的运动员往往在最艰难的时候攀登山峰。如果没有这些资产怎么办？现在正是集中精力留住现有顾客的时候。

动荡以及由此带来的混乱，将每家企业置于不同的境地——在资金和总体流动性方面，有些企业面临的风险比其他企业要大一些。正如利连所说，不存在什么一刀切的策略，这就是为什么不要盲目地全面削减开支，而是要进行审慎的、有重点的削减。要做到这一点，管理者必须提出这些难以回答的问题：我们在上一轮的经济衰退中表现如何？我们从自己的表现中学到了什么？我们的流动性如何？我们是否有评价过去业绩的路线图？这个路线图是否考虑了经济动荡造成的混乱和不确定性？这个路线图可以指引我们走向未来吗？

再者，企业必须把自己看成是服务提供商。一家企业的服务是其特性的综合体——即它的品牌、组织以及出售的产品，如果这些特性中的任何一个因素遭到破坏，服务就被破坏了，企业的价值主张也就被破坏了。因此，在考虑审慎地、有重点地削减开支时，企业必须牢记它们所做的任何开支削减会如何影响企业的不同层面，以确保它们的价值主张不折不扣地得到实现。

同样，这一切将归结为管理者是否愿意提出这些棘手的问题：一旦经济复苏，我们该如何定位？我们想成为精英继续扩大和增加市场份额吗？抑或想成为受害者——因决策错误导致停滞不前、业绩低下的企业？

维持现金流量的快速解决方案，危及利益相关者

当企业寻找维持现金流量的快速解决方案时，如果出现关键的战略性错误，那么企业将会为此付出高昂的代价。盈利是最终目的，在制定决策时企业必须权衡每一项决策对现金流的影响。但是，当采用快速解决方案作为权宜之计时，管理者就冒着危及企业未来增长的风险。

裁减员工、不必要地出售资产、减少并购活动以及削减研究与开发投资可能会导致企业出现硬着陆。

全面裁员永远是错误的。根据美国《会计法》规定，人才投资是支出，不能转为资本，因此裁员——尤其是裁减能力强的高价位人才——成为企业常用的一种快速降低成本的方法。会计准则只会伤害那些遵循准则的企业。人才是关乎创新的最重要的因素。

当一家企业裁减人才时，其竞争对手很可能在第二天就雇用这个人，来帮助他们更好地进行财务前景定位，并在过渡时期帮助他们推动创新。这些不确定的时期激发了商界领袖固有的掠夺性——这是他们与生俱来的本能，因此许多企业伺机雇用关键人才，在经济繁荣时期，他们可能根本无法吸引这些人才。

而且，当经济复苏时，大多数企业最稀缺的资源是人才，而不是资本。在20世纪90年代的经济繁荣时期，许多管理团队认为，他们可以通过向员工发放股票期权和津贴、让员工穿牛仔裤上班等手段成功地笼络人才。当经济衰退来临时，"我们非常重视人才"突然变成了"你是一次性成本"，期权消失了，津贴被取消了，裁员迅速来临甚至在某些情况下变得十分残酷。这种做法破坏了许多企业的社会结构，使员工变得愤世嫉俗。

管理者如果不理解或不能接受在创造和推动企业创新中人才的重要价值，那么他们将会与其他停滞不前的企业一起徘徊在商业食物链的底层。

削减营销、品牌以及新产品开发的费用

在进行支出削减时，营销费用似乎总是第一个被削减的对象，其次是新产品开发费用。这是个错误的做法，有可能会毁掉企业的市场份额，破坏企业的创新能力。

大多数企业下意识的反应就是削减营销开支。但是当你

削减营销开支时，你的退出会给竞争对手创造在前沿发布他们的信息并争取更大市场份额的机会。

在动荡时期，最重要的是要保持警觉并突出重点，并避免企业在营销方面常犯的三大错误：

1. 在稳住核心客户之前拓展并吸引新客户。试图拓展自身核心产品或服务以吸引更多客户的做法是很危险的。你可能会让你最佳且最忠实的客户的满意度下降，迫使他们考虑你的竞争对手。

2. 削减营销开支。在疲软或动荡的经济条件下，营销资金就像干涸沙漠中的水——越少越珍贵。削减营销开支肯定会给那些没有削减预算的积极进取的竞争对手带来其所需的优势，掠走你最有价值的客户。营销是肌肉，而不是脂肪。

3. 对重要的事情视而不见。我们生活在一个一周七天、一天24小时的信息不间断的世界里。当新闻发生后，每个人都可以获取，包括你的客户。在市场疲软时，尤其是在市场被动荡和混乱支配时，你的客户以及企业的所有利益相关者都知道企业不景气。忽略这个事实，甚至不掌握最新情况是十分危险的。

在产品开发方面不进行投资肯定会阻碍企业将来为自身及其利益相关者创造价值。企业为了省钱而忽视或降低产品开发的重要性，不仅限制了潜在的增长，而且还抑制了创新，同时让敢于冒险的竞争对手占了上风。

《商业周刊》列出了企业应对经济放缓或动荡时犯下的十种最严重的错误。该清单提醒管理者，除非你真的想进行价格竞争（请记住，印度推出了2 500美元的Nano汽车），否则开展持续的创新是保持竞争优势、将自身区别于竞争对手为数不多的途径之一。创新对企业的业绩、发展和股市估值都是有益的。

企业在经济动荡时期可能犯的十大错误

1. 解雇英才。

2. 削减技术开支。

3. 降低风险。

4. 中止产品开发。

5. 允许董事会任用削减成本型的首席执行官以取代原来增长导向型的首席执行官。

6. 退出全球化。

7. 允许首席执行官取消关键的战略创新。

8. 改变业绩指标。

9. 增加合作的层次。

10. 退缩到围城内。

企业有预算顾虑时，很自然地会变得更为保守，变得更不愿承担风险、不投资于产品开发、错误判断合作需求的企业，从而在市场回升时很难再参与竞争。

在艰难时期投资于研发和新产品开发的企业将继续赚钱。事实上，除了继续赚钱之外，他们在走出最困难的经济时期之后总是赢家，几乎总是能够别出心裁地击败其竞争对手。例如，苹果公司在2001年经济衰退时期主攻iTunes、iPod及其零售店业务，因其定位准确，所以在经济恢复之后的竞争中迅速翻身。

另一个例子是在20世纪90年代经济衰退中推出感应（Sensor）品牌剃须产品的吉列公司。到1997年，吉列公司销售额的49%来自过去五年推出的新产品。

英特尔公司则在2001年的经济衰退时期将其销售额的14%（高达2001年利润的174%）用于创新，生产更快、更便宜、更小巧的计算机芯片。英特尔公司还提前数月推出新产品并报告了自1996年以来最高的增长率。

苹果公司、吉列公司以及英特尔公司没有犯企业在经济动荡时期可能犯的十大错误中的任何一条。其他企业也不应该犯。

顺利度过动荡时期的关键之一是要有一种不屈不挠的心态。在艰难时期，实用主义通常会占上风。由于经营业绩不佳，企业很容易把一切归咎于经济环境。但是，即使在最艰难的时期，一些竞争者也会超越其他企业。以胜利者的姿态走出动荡的唯一方法就是抓住时机：做出强硬的、切合实际的决策，给企业及其产品带来生存甚至繁荣兴旺的机会。

销售降低时的价格折扣

在经济的最佳时期，管理者所面临的和必须克服的最大困难是定价矛盾。但是，在经济下滑和销售下降时，定价可能成为管理者最大的噩梦。打折始终具有一定风险，如果处理得不正确，它可能给企业造成恶劣的、破坏性的影响。这里有一项正在进行的关于星巴克咖啡的案例研究。2008年11月，其第三季度的利润下降了97%，而其最新的竞争对手麦当劳却在这一时期蓬勃发展了。麦当劳公司报告称，2008年10月，开张一年以上餐厅的销售额增加了8.2%，而海外市场以及比较成熟的美国市场也收益颇丰。所有系统的销售额增长5.4%，以不变汇率（即计算财务业绩数字时，消除汇率波动影响的汇率）计算的涨幅达9.9%。

为什么在麦当劳持续向上攀升之时，星巴克却几乎无力前行呢？主要原因可能是在这段经济困难时期，星巴克没有采取任何措施，也没有推出任何不同于以往的新产品，而麦当劳却有一整套全新的价格低廉且数量较少的特殊产品，这些产品恰恰出现在消费者最需要时候，而且都有品牌推广价值。

令星巴克的处境更加艰难的是，这家无所不在的汉堡连锁店即将发起直接进攻。2009年，麦当劳公司计划在其设在美国的近14 000家餐馆增加星巴克式的优质咖啡柜台——这是这家企业有史以来最大的多样化经营举措。麦当劳公司在咖啡市场已经小有斩获，并取得了一定的成功，去年的《消费者报告》称其过滤式咖啡（相对于特浓咖啡）要比星巴克的更好。

随着2008年第三季度利润下降大约97%，星巴克可能会对其优质咖啡系列拼命打折。由于业务出现滞后，星巴克已经用"如果打不败他们，就加入他们"的战略进行还击，方法是提供加热早餐三明治并在某些门店增加"得来速"窗口。但问题是如果星巴克转向"速战速决"，而不是把目光放远并增加价值，他们依然会难逃失败的厄运。如果能够通过创造一种廉价小包装的新咖啡产品系列，星巴克的情况会好得多。星巴克承认日子过得真是很艰难，但它非常在意自己的顾客，仍会保留其长期以来成功的优质咖啡品牌资产的阵容。无论是繁荣时期还是困难时期，星巴克大杯拿铁、大杯摩卡星冰乐以及所有星巴克优质咖啡永远不应该打折。

折扣会吞噬利润。仅仅10%的折扣，就会要求一般的企业多销售50%的产品才能保证相同水平的利润。在"折扣"活动中，成本也会上升，企业完全可以通过折扣将自己逐出商场。作为在交易中出让现金的一种替代做法，企业在进行决策时一定要问问自己这样做是否可以给产品或服务增值。这种"增值"的建议意味着你可以"放弃"利润之外的某种东西。如果企业做得恰到好处，就可以增加顾客对交易本身以及对企业的体验。一次愉快的体验对于赢得该顾客的重复购买十分关键——而这正是企业实现长期盈利的关键。

降低销售相关费用以摆脱客户

在高度动荡时期，那些没有经常重新评估交易型客户的成本和利润的管理者会发现，他们将损失财富并最终失去市场份额。

研究表明，目前在市场上购买任何特定产品或服务的人占2%到4%，剩下的96%到98%虽说目前不会购买，但最终仍会在市场上购买产品或服务。

如果时间紧迫，迎合准备现在购买的交易型客户十分自然。但是要记住，寻找最划算买卖的交易型客户会因你的低价奔你而来，也会因为别人更优惠的价格弃你而去。

关系型消费者，是指那些寻求可信赖品牌或专门知识的消费者，不论价格高低他们都会回来购买你的产品。如果管理者忽视这些顾客，减少对他们的投资，将会危及企业的未来。通过细致翔实的研究我们发现，许多市场上的少数客户却创造了大部分销售额，忽视这些客户尤为危险。例如，一个每天喝八听可乐的男子要比一个月喝八听可乐的女子利润更高，并值得投入更多的关注。

研究表明，在经济衰退时期，应当对无利可图的和深度交易型的客户关系进行重新审视。在1997年东亚地区遭受货币危机之际，新加坡航空公司通过减少短途航线并投资3亿美元满足商务舱和头等舱旅客需求的途径保持了盈利。新加坡航空公司通过对"高端"旅客投资赢得了竞争优势，尽管该公司减少了短途航线。此外，管理者不能仅仅因为经济可能放缓而忽视行业新进入者的威胁，以及轻视替代品吸引客户离开的可能性。

在经济危机时期削减培训和发展开支

当管理者努力渡过难关时，培训和发展投资就显得不太紧急。培训和发展被视为一次性成本，但是削减这一关键增长面也会缩小业已萎缩的市场份额。你真的可以承受失去市场份额的打击吗？

培训不只影响企业的盈亏,还为企业确定薄弱环节或需要改进的领域提供了机会,以免千里之堤,溃于蚁穴。培训和发展能够使企业保持员工处于行业的最前沿。

例如,澳大利亚发起了一场全民培训评估倡议,帮助不同行业的企业认识到"如果他们能够确定并利用企业内部业已存在的有益培训机会,他们的利润将会大幅度增加"这个事实。研究者对雇员人数在400到27 000人之间的澳大利亚企业进行了培训评估个案研究。最终报告显示,在所有情况下投资于培训对企业业务增长都有促进作用,提高幅度在30%(能源效率培训)到1 277%(安全培训)之间。

不了解培训和发展价值的企业,最终将会损失利益相关者价值,它们的人才还可能流失到愿意投资于培训和发展的竞争对手那里。

轻视供应商和分销商

供应商和分销商是企业能够把创新付诸实施的生命线。实际上,认识不到供应商和分销商价值的管理者会让企业付出代价。供应商和分销商可以帮助企业降低短期成本,并在动荡到来时作为企业坚强的后盾。混乱试图破坏这种关系。

许多企业在动荡到来之前在对待供应商和分销商的问题上

所犯的典型错误，同那些动荡时期为了维持现金流量并调准航向的企业所做出的下意识反应如出一辙。值得注意是，在动荡时期，尤其在剧烈动荡时期，企业必须和它们最好的供应商和分销商同舟共济，使他们完全融入到企业的经营活动中。

商业谈判专家、澳大利亚戈尔迪商业私人有限公司任事股东史提芬·柯西基认为，动荡时期是特别有启迪作用的时期，也是具有潜在危险的时期。在与供应商谈判方面帮助过多家企业的柯西基说：

在动荡时期，与所有利益相关者的管理和谈判变得越来越重要。大多数企业在经济困难时期准备坐下来与主要供应商谈判时，没有意识到长远利益的重要性。相反，大多数企业本能地采取"大棒子"做法对待供应商并迫使他们降价。在动荡时期，主要供应商可以帮助企业设计更好的产品组合、新产品以及流程创新以解决更多的问题并降低成本，甚至用更好的支付方式帮助他们渡过艰难时期。任何企业所能得到的一些最重要的帮助都是来自供应商的。

在变革时期，甚至是混乱无序的变革时期，全面完整地理解所有利益相关者对企业的成功来说是至关重要的，这种理解将帮助企业管理者做出正确的选择。如果企业对最好的和最优质的供应商及分销商进行充分整合，这可能是提升与最好的供应商和分销商的关系层次的有利时机。然而遗憾的是，很少有企业这么做。图表2-2列出了企业在经济动荡时期针对宝贵的利益相关者常犯的十大错误，每条错误之后都有相应的最佳做法。

图表2-2　企业在经济动荡时期针对宝贵的利益相关者常犯的十大错误

错误	最佳做法
1. 能力重复	建议企业尽力避免在供应商、经销商和企业自身之间出现能力重复，着眼于消除冗员和降低成本。
2. 合同的复杂性	建议企业基于多年形成的信任采用简单合同，包括将合同的履行建立在与供应商和经销商日常工作的基础上，强调持续改进以及分享节约的成本以共同获利。
3. 不充分的业绩评价制度	建议企业尽量使针对供应商和经销商的评价制度简单易懂，且反馈迅速，将精力集中于以下两方面：（1）确定问题领域；（2）制定方法以消除或减轻出现的困难，但不能将其作为惩罚业绩不佳者的工具。
4. 不充分的产品开发/计划书	建议企业让供应商和经销商积极进言献策，以改进产品从而降低成本，并对他们的努力进行奖励。
5. 一元选择过程	供应商不完全由采购部门选择，经销商不完全由销售部门独家选择。企业应根据企业内部跨部门团队有价值的意见进行选择。这个方法将企业选择供应商（低成本）和经销商（高利润）的一元战略转变为利用供应商和经销商的全部价值的战略。

续

错误	最佳做法
6. 保持与主要供应商和经销商的有形界限	设施的协同定位能够促进主要供应商和经销商与企业的顺畅沟通，并进一步运用各方面的知识使企业获益，同时使企业在更大程度上对供应商和经销商的业务加以控制。
7. 拥有过多的供应商	为了改进供应管理，企业应更多地采用单一来源或少量供应关系，从而巩固其供应商基础，使有限的资源集中于可控数量的供应商，得到他们的关注以取得最好的业绩。同样，供应商也能从企业获得足够数量的订单，从而有能力投资于自己的内部资源并优化生产过程，以更有竞争力的价格为企业提供零部件。
8. 拥有不当的供应商和经销商	企业在中止与业绩很差或业绩平平，或者与企业的关系无法弥补的供应商和分销商的关系时不应优柔寡断。在动荡时期，处理与供应商和经销商的不当关系显得更加迫切。
9. 未能对供应商和经销商进行培训投资	建议对供应商和经销商进行培训，以降低经营成本并增加销售额，同时提高他们提供给企业及其客户的产品和服务的质量。
10. 未能在与供应商和经销商的沟通方面进行投入	建议采用各种方法改进与供应商和经销商沟通，以减少信息错误传达的几率，并在跟双方利益都相关的问题上进行及时反馈，这一点在市场动荡和干扰时期尤为重要。许多企业要求供应商和分销商对自己进行评价，将自己的管理做法与直接竞争对手的管理做法进行对比。

逼迫供应商是另外一种短期困境，可以说是弊大于利。衰退和动荡不会永远持续下去，迫使供应商降价或胁迫经销商承担明知他们在下一季度无法出售的更多产品库存（即"贸易超载"）的做法，在动荡平息后很长一段时间内都会让人记忆犹新。企业必须审慎地进行成本管理，关键是要前后保持一致，不应该在经济繁荣时采取一种方式行事，在经济不景气时又采取另一种方式。否则，企业的供应商、经销商和其他利益相关者将会失去对该企业的信心，合作和生产效率将会下降。

当不了解供应商和经销商带来的新产品的增值能力时，企业不仅可能会落后于其他同行，而且在风暴结束、阳光重新普照的时候会遭受重创。

2008年9月15日美国银行收购美林集团时似乎还沐浴在阳光下，殊不知它即将遭受与雷曼兄弟同样的不幸。美国银行强烈希望取得美林集团长期确立且有利可图的欧洲和亚洲私人银行和投资银行业务部门，然而在收购之后不久，乌云就出现了，美林集团的亏损开始显露出来。在美国联邦储备体系的强大压力下，美国银行没有进行足够的调研就匆匆达成交易。结果，在2008年9月中旬到2009年1月中旬短短的四个月里，美国银行的市值从收购美林集团之前的500亿美元降至400亿美元。

不管怎么说，美国银行首创的小额银行存放业务都是令人印象深刻的。例如，它为客户开发了一种别出心裁的常规储蓄帐户。通过了解客户行为，该银行为客户创造了一种价值主张。美国银行认识到，大多数人在平衡支票簿或开立支票时，都向上舍入一个美元。比如购物消费是199.28美元时，他们脑子里闪现出的和在支票簿上写的金额会是200美元，或者如果购物花了14.95美元，他们会在支票簿上计入15美元。美国银行基于人们的这一习惯推出了一种服务，将客户在开支票时舍入的差额集中起来，将其存入一个独立的生息账户。到了年底，这些客户拥有了一笔额外的资金，这是在一年前他们在签支票簿时根本就没有想到过的意外之财。

大多数企业甚至根本看不出美国银行在遵循人们的行为习惯，更看不出他们的理性思维。人们喜欢在年底惊讶地发现自己还有额外的钱可用。

结论

动荡和混乱产生了善恶丑。管理者的错误决策导致并放大了由此产生的后果和影响。管理者如果主要关注金融工程而不是着眼于一些核心的基本原则，将会使混乱造成的不稳定形势更加严重。

一家一流金属公司的前副总裁解释他的公司在20世纪80年代后期的情形时说:"行业内的其他企业都处于上升周期,高枕无忧,而我们却准备走向下一个阶段,迎接下一次衰退。"

相比之下,1990年花旗银行正处于摇摇欲坠的境地,因为它一直奉行着以牺牲现金流和利润率为代价来换取市场份额的增长的法则,用一位高级主管的话说就是:"你一直在寻找增长,因此积极放贷。信贷控制不够严格,我们只强调市场份额。"为了避免花旗银行从危险的边缘坠落,联邦监管机构在此后的几年内介入以监督公司财务状况的恢复情况。

看看花旗银行——错误决策的典型代表——今天的状况。想想吧,花旗集团曾是全美最大的信用卡发行机构,有5 400万个活动帐户。而现在,除了在2008年11月中旬宣布裁员5万人外,随着越来越多的客户拖欠还款,与去年同期14亿美元的利润相比,其信用卡部在2008年第三季度还亏损了9.02亿美元。2008年11月,花旗银行再次请求美国政府注入200亿美元新资本,以帮助其承担3 060亿美元高风险资产的潜在亏损。

当管理者在这些动荡不定的时期做出错误决策时,后果不仅仅是一个简单的美元数字。在动荡时期摒弃价值的创造不仅会使企业的船舶沉没，还会把船员和乘客拖下水，花旗银行就是一例。糟糕的决策和错误的判断，能够带来螺旋式的效应，使企业狼狈地爬上岸，或者更糟糕，使企业陷入站不住脚的激流之中。在动荡经济中兴旺发达需要的不仅仅是运气或胆识，还需要全新的观念、认真的规划以及正确的战略。

第三章　混沌管理系统模型：
对缺陷和机会进行管理

> 放弃那些可以预测未来的不切实际的幻想。你所唯一能做的事情就是使自己能够应对"不确定性"——这也是生命中唯一可以确定的事。这种能力的形成就是战略规划的目的所在。
>
> ——BP集团首席执行官约翰·布朗勋爵

在混沌时代，传统的三年期战略计划已不合时宜，也变得毫无价值。事实上，传统的战略需要精确的预测。这通常会使高管们低估不确定性和混乱，而这些不确定性和混乱是由难以预料和反复出现的动荡引发的。在动荡时代，传统做法可能极其危险。

传统战略方法的核心基于这样一个假设前提，即采用一套强大的分析工具，高层管理者可以准确地预测任何一个企业的未来，并为其选择清晰的战略方向。但当未来果真出现动荡并升格为高度混乱时，即使在最好的情况下，这种做法也收效甚微，而在最坏情况下，这种做法会变得极具危险性。低估混乱可能会使企业的战略既不能帮助企业免遭混乱造成的负面影响，也无法利用由此带来的机遇。

还有另一个极端的危险，即如果管理者找不出适合传统分析法的战略，他们可能会决定放弃制定规划的规范方法，转而通过直觉和本能做出决定。

随着我们进入新时代，动荡会频频出现，混乱会影响世界各地的企业和组织。更进一步讲，动荡时代的特征是以进发式出现的繁荣和衰退为重点的一种新"常态"（见图表3-1）。过去，常态就像小鸟在天空滑翔一样逐步升降，有时向上翱翔，有时又向下俯冲，但是总是姿态优雅，操控有度。然而，在动荡时代，这些光滑的轨迹上将会有更多突然的、不稳定的改变。

在常态时期，引发动荡的许多新的自然力量开始累积：技术进步和持续的信息革命；颠覆性技术与创新；新兴发展中市场经济体跻身于长期以来成熟市场精英的专属行列，所带来的影响越来越令人不安；由日益咄咄逼人的竞争者发起

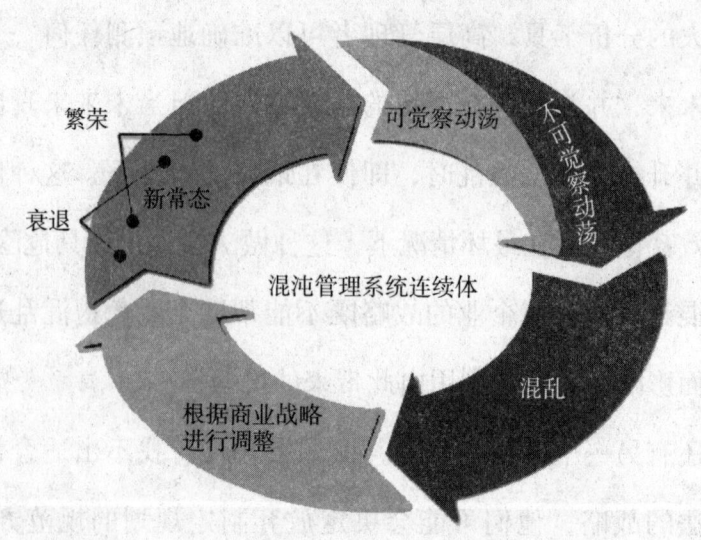

图表3-1 混沌管理系统连续体

的超级竞争随时随地展开，并不断对规则进行补充；主权财富基金的推进和来自抵制者的反作用力；自由表达意见的商业利益相关者越来越多；最后，顾客和其他利益相关者所拥有的新权力会给那些在行为上与新兴力量不和谐的企业制造动荡。

以上这些因素累积到一定高度就会引发动荡风波。动荡可以在任何时候、任何地点以任何形式出现，并给企业造成不同程度的破坏和混乱。只有那些最为警觉的、早期预警系统已经到位的企业会觉察到这些动荡。而有些动荡将完全不会被发现或者在混乱开始以后才被发现——当然，这种动荡即使是最警觉的、采用最先进监测系统的企业也很难发现。是的，这意味着动荡在任何时候或任何地点都可能会以任何形式不期而至，造成混乱并以高层管理者无法觉察的方式破坏企业。尽管企业管理者做了最坏的打算，其中许多人也意识到他们无力保护自己的企业，甚至无法保护企业免遭已发现动荡的影响。因此，最终保护企业的最佳方法就是尽可能地防微杜渐，保持高度戒备和警惕。

这样的动荡可能会发生在宏观层面上（全球、区域或一个国家内）或在微观层面上（某一行业或企业）。预测动荡是不可能的，因此尽早发现动荡的迹象将成为企业未来成功的一个至关重要的因素。

在2008年金融危机之前，花旗集团早该注意到已经出现的各种预兆。一年多以前银行分析家梅瑞狄斯·惠特曼就曾断言:"花旗集团管理不善,这将导致其削减股息或者干脆破产。"早些时候,对冲基金投资人斯蒂夫·艾斯曼也曾经谈论过次级抵押贷款的危险性。长堤金融公司更是提出:"要尽可能快地对外放贷,毋庸置疑这些贷款会造成自我毁灭。这种贷款方式下那些信誉差、没有收入证明的购房者无需交付任何订金,并可以尽可能长时间地推迟偿还利息。在加利福尼亚的贝克斯菲尔德市,一个不懂英文且收入仅为14 000美元的墨西哥裔草莓采摘者居然也获得了他所需的72万美元的全部购房贷款。"

时任瑞士信贷银行房地产市场分析师的艾维·泽尔曼也很早就看出了其中的泡沫。住房价格有一个简单的理智衡量标准:房屋中间价与收入之比。从历史上看,这个比例为3∶1;到了2004年,全国的平均比例就上升到了4∶1。"所有这些人都说这和其他某些国家的比例一样高,"泽尔曼说,"但问题不仅仅在于这个平均比例是4∶1,洛杉矶为10∶1,迈阿密为8.5∶1,然后你把这个比例与买主联系起来。因为,他们不是真正的买主,而是投机商。"

一旦这些警告被置若罔闻,动荡和混乱就会爆发,暴露出企业明显的缺陷,并导致其调整战略甚至是经营模式,以便克服任何有害影响。尽管包括联邦储备委员会和证券交易委员会在内的几乎所有华尔街"机构"一再否认,艾斯曼还是觉察到了这一情况,并做空了次贷证券,他因此减少了自身劣势并利用了专家们都错过的良机。

假如在今天美国全国广播公司财经频道的一个直播采访中，你最大竞争对手的总裁宣布推出采用行业内突破性技术生产的一种新产品，且该项技术是这个行业梦寐以求五年多了的，但是它的出现却会导致你最大的、最有利可图的生产线沦为明日黄花。问题是：当你最大的竞争对手或任何竞争对手在行业内改变了游戏规则，取得巨大成功时，你怎么能忽略掉这个事实呢？

动荡还可为企业开辟新机会，这些机会可以通过现有的经营模式或修改后的模式加以利用。你突然接到首席财务官的紧急电话，他正在芝加哥出席信用互换和衍生产品研讨会。他打电话告诉你，他刚刚获悉，你最大的竞争对手正计划在当天晚些时候申请破产保护。竞争对手的主力工厂被大火夷为平地，而竞争对手又没有投保任何险种。银行家们要求竞争对手偿还之前拖欠的优先债务。首席财务官告诉你竞争对手的首席执行官正准备给你打电话，准备和你做一笔千载难逢的交易，但你却一直没有等来这个电话。

像这样的混乱无序的情况将会一次又一次地出现，创造机会和（或）危机。各类组织必须学会抓住极度不确定时期产生的意外机遇。企业领导人现在必须开始评估大量宏观经济数据，构建同样大量的具有适当战略对策的远景方案，然后付诸行动，使企业更加敏感、强健和具有活力。

图表 3-2　四种远景方案及可能出现的结果

全球信贷与资本市场重新开放并实现复苏

	温和的全球衰退
远景方案：遭受重创但可以迅速恢复的 • 长达 18 个月或更长的衰退 • 新的有效的管理制度 • 因部分地区（中国、中东、美国）有效的财政和货币政策带来的复苏 • 达到了安全的杠杆比率，导致交易和信贷规模缓慢恢复 • 贸易和资本流动适度复苏 • 全球化逐步回到正轨 • 态度缓慢反弹	**远景方案：可再生的全球增长动力** • 2-4 个季度温和的衰退，随后出现强劲的经济增长 • 新的有效的管理制度 • 达到了安全的杠杆比率，导致交易和信贷规模快速恢复 • 资本成本恢复到历史水平 • 贸易和资本流动快速复苏 • 全球化处于正轨，发达经济体和新兴经济体继续紧密相连 • 态度反弹，趋于积极
远景方案：长期停滞 • 衰退持续 5 年多，如 1990 年代的日本 • 无效的管理、财政和货币政策 • 所有地区都普遍萧条 • 防御性杠杆比率，在缺乏流动性的市场上信贷和贸易明显受限 • 贸易和资本流动复苏极其缓慢 • 全球化陷入逆转 • 态度越来越具防御性和国家主义色彩	**远景方案：全球化停滞不前** • 1—2 年的温和衰退，随后出现缓慢经济增长 • 管理制度能够维持系统完整性，但对经济有明显的阻力（如高昂的调节成本） • 极其安全的杠杆比率，政府在信贷分配上进行明显介入 • 与危机前相比资本成本明显升高 • 全球化停滞不前 • 态度越来越具防御性和国家主义色彩

严重的全球衰退 ←→ 温和的全球衰退

全球信贷与资本市场关闭且反复无常

资料来源：《麦肯锡季刊》2008 年 12 月号，选自洛威尔·布赖恩和黛安娜·法雷尔《带领企业走过不确定性》中的《艰难、更艰难、最艰难的时代》。

《麦肯锡季刊》2008年第12月号的一篇文章谈到了有关全球信贷危机和全球衰退的不确定性。这篇文章描述了四种远景方案下可能出现的众多结果，如图表3-2所示，并进一步说明许多排列组合的结果都是可能发生的。

为了丰富远景方案，每个企业必须将行业和企业更多的发展趋势和事件加入进来。企业主管们必须为可能性较大的远景方案构建防守型和进攻型战略和战术，并且要快速行动。

所有商界领袖最终的目标是要建立一个充满活力的、茁壮成长且有利可图的企业。这样的企业能够为所有利益相关者的利益而尽可能保持长久的发展。你和你的组织在混沌管理系统中前进的目标是实现企业高水平的可持续发展。为此，你的企业必须利用混乱带来的机会，而且是在混乱拐点上觉察到的机会，并采取必要的保护性措施以降低因企业暴露缺陷而带来的潜在损失（见图表3-3）。我们将在第六章探讨企业可持续发展。

正如我们在第一章中讨论过的那样，由于影响具体企业特定力量的作用，所有企业都会出现安迪·格鲁夫所说的战略拐点。这些战略拐点往往会淘汰企业的旧战略，并要求其制定新的、改变游戏规则的战略。2008年9月21日，两家老牌企业出现的战略拐点被广泛宣传。这一天，美国最后两家独立的投资银行——高盛和摩根斯坦利，成为银行控股公司。

此举从根本上改变了华尔街的格局,标志着格拉斯—斯蒂格尔法案的消亡。这是一个大萧条开始后将投资银行和零售银行分开的具有划时代意义的法案。

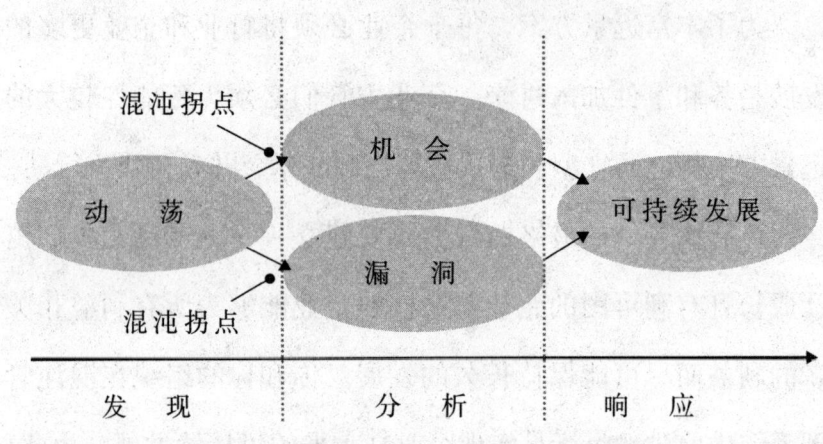

图表 3-3 从动荡到可持续发展

动荡变化无常,不可预测。它会引发某种程度的混乱,强化了图表 3-4 所示的新常态。

企业若不能顺利通过战略拐点,就会出现业务下滑。企业,也许甚至是整个行业,未能成功走过战略拐点的最典型的代表就是美国汽车三巨头通用、福特和克莱斯勒。它们各自以及共同的战略拐点都早已过去。它们中没有一家企业转入新的经营模式,只能说是勉强度日。所有这些汽车制造商都从事当今和未来运送旅客或运输货物的车辆的生产。几十年来,这个拐点一直很清楚。三巨头所在的行业不仅仅制造、开发或者永久保持基于石油能源燃料的内燃机。在 2008 年 7

月石油价格突破每桶 150 美元大关之前，有件事情就很显然：他们必须对技术进行一些重大变革，当然经营模式也必须变革。从最低限度来讲，如果它们自身无法觉察到这些，至少能够注意到外国汽车制造商几年前就开始了混合动力汽车和替代能源车辆的生产。毕竟，正是这些外国汽车制造商推翻了三巨头数十年之久的市场垄断地位。美国汽车工业有过多个战略拐点，而且在 2008 年 11 月，国会还伸手援助，提供资金使那些失败的企业得以维持。可遗憾的是，它们每次都没有认识到自己的经营模式越来越落后。

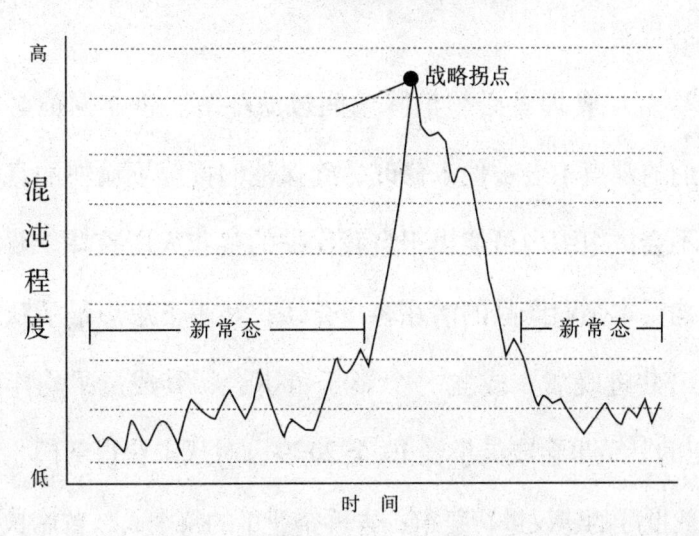

图表 3-4 混沌强化了新常态

一旦达到了战略拐点，企业领袖就不得不处理企业以前未暴露的缺陷或捕捉最近显露的机会——而且要采取深思熟虑的甚至是大胆的行动。这些行动需要采用一种新的思维方式，以放弃现在已经过时的战略和商业模式。一般来说，一种新的思维方式意味着更接近变革的源头，而这些源头很可能就是未暴露的缺陷的核心。下面仅仅是部分应当加以考虑的新的行为：

1. 商界领袖及高层管理人员必须开始亲自观察变化。他们应当考察正在发生变化的地方。他们必须亲身感受这种变化，而不仅仅是阅读商业杂志、通过顾问了解到某种变化或者从员工的报告中获取相关信息。另外，他们应当考察纳米技术或生物技术实验室，跟一群20来岁的青年人交谈以便了解他们的所思所想，与狂热的环保主义者或反全球化分子进行讨论。随着变化速度的加快，高层管理者也应相应增强对变化的理解。

2. 高层管理者必须消除中间过滤环节。企业领袖必须确保他们的观点不会被他人修改，确保他们接触不愉快的真相的途径不会被组织内可能出于自我保护的某些人所破坏。要与那些不购买本企业产品的潜在客户交谈；和手下思想最活跃的雇员外出共进晚餐；成立一个影子董事会，其成员平均年龄比"真正的"董事会成员年轻10至20岁；对从未获得部门主管或副总裁批准的建议进行复审；告诉企业里的每个人，首席执行官办公室接受来自员工关于赚钱或省钱新观点的署名或匿名电子邮件。

3. 企业领导人必须接受战略衰变的必然规律。虽然大多数人都很容易承认万物皆在变化，但是更让高管们承认自己的战略正失去效力却不是件易事。

除了形成新的思维方式以外，企业主管还必须放弃对双战术战略的依赖，即一个适用于繁荣市场，另一个适用于萧条市场，并不断地对战略进行微调，甚至当环境需要时摒弃这些战略。最根本的困难在于当他们的战略开始稳定并得到优化，从而在常态时期变得根深蒂固时，动荡爆发会使他们显得措手不及。

以下是这样一个新系统——混沌管理系统的框架（见图表3-5）。

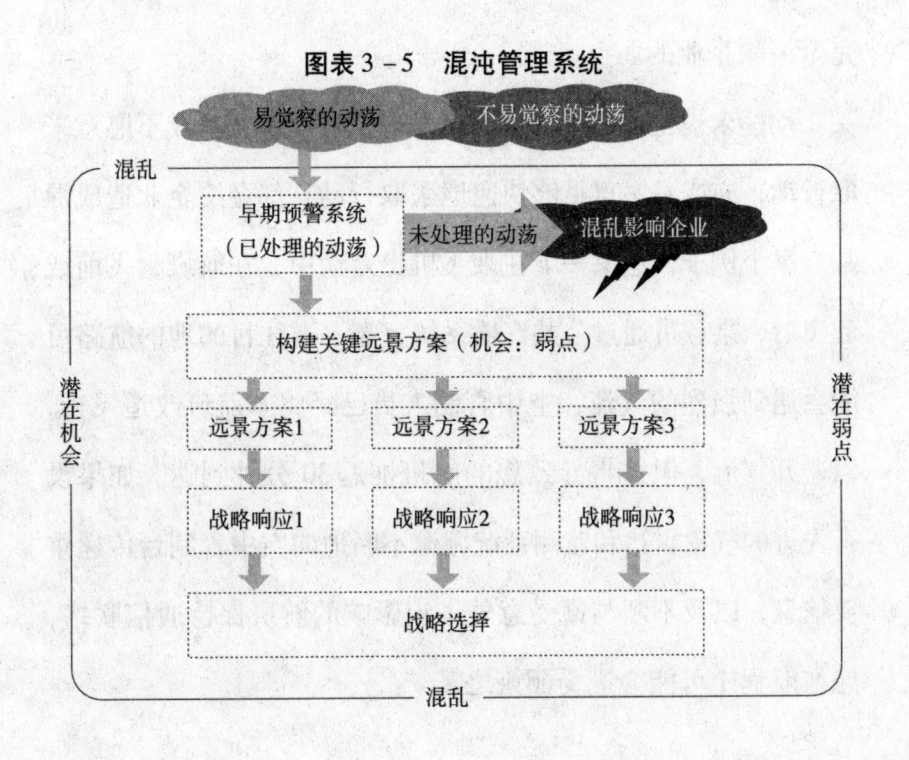

图表3-5 混沌管理系统

```
                易觉察的动荡    不易觉察的动荡
   混乱
         ┌─────────────┐
         │  早期预警系统  │  未处理的动荡 ➤ 混乱影响企业
         │ （已处理的动荡）│
         └──────┬──────┘
                ▼
         ┌─────────────────────┐
         │ 构建关键远景方案（机会：弱点）│
         └──────┬──────────────┘
    潜           ▼                          潜
    在    ┌──────┐ ┌──────┐ ┌──────┐       在
    机    │远景方案1│ │远景方案2│ │远景方案3│       弱
    会    └──┬───┘ └──┬───┘ └──┬───┘       点
              ▼        ▼        ▼
         ┌──────┐ ┌──────┐ ┌──────┐
         │战略响应1│ │战略响应2│ │战略响应3│
         └──┬───┘ └──┬───┘ └──┬───┘
              ▼        ▼        ▼
         ┌─────────────────────┐
         │       战略选择        │
         └─────────────────────┘
                     混乱
```

混沌管理系统是发现、分析动荡和混乱并做出响应的系统管理方法。混沌管理系统包括以下三个组成部分：

- 通过构建早期预警系统发现动荡源
- 通过构建重点远景方案对混乱做出响应
- 根据远景方案的轻重缓急和风险态度选择战略

构建早期预警系统

我们知道，动荡可能会在任何时候、任何地方以明显或隐藏的方式出现。企业应当对已发现的动荡加以分析并尽快采取行动，以便能够挖掘及利用机会，并最大限度地削弱或完全消除企业的弱点。

动荡未被发现，或动荡已被发现但管理者无法或不愿意采取行动，亦或不愿意足够快速地采取行动，都会给企业造成混乱。举个例子，想象一下在乘飞机出差途中，在航班起飞前或起飞后，乘务员通过公共广播系统宣布，通往目的地的航路可能会遇到强烈的气流，空中管制人员已经将本航班改道飞行，以避开气流，但这将导致您的航班推迟30分钟到达。如果没有先进的气象雷达和监测系统源源不断地向空中管制台传递重要信息，以及不断与遭受意外气流影响的航班保持通信联络，您在航程中可能会遭受颠簸之苦。

现在假设您的航班已经起飞,并在一小时后意外遇到空中气流或意外下沉,而这些是飞行员或空中交通管制事先毫无觉察的情况。飞机和所有乘客及机组人员来回猛烈摇晃,直到飞行员做出反应并制定新的飞行计划,才能让大家脱离险境。

最后想象一下,在同一个航班上,在漫长而疲惫的一天之后,当你正等待饮料和正餐时,飞行员通过广播系统宣布前方有强烈的气流,且因气流范围太大飞机无法避开。飞行员告诉大家,为了乘客自身的安全,在飞机安全通过气流之前,正餐和饮料将无法提供。随后,每个人都紧张地等待着颠簸不堪航程的到来。

正如飞行员和机组人员要为每一次航班做准备一样,企业管理者及其组织也必须为推动商业战略并在动荡时期实施这些战略做好准备。第一步就是要建立一套有效的早期预警系统。这个系统将尽快、尽早地发现尽可能多的动荡迹象(见图表3-6)。

企业主管考虑制定有效的企业早期预警系统时,必须明确其目标。除了发出警告和提醒外,目标中还应包括确定并降低风险、不确定性和缺陷,认识并利用机会。提高认识和教育组织中的人员也是目标中的一项重要内容。通常情况下,事前警示确实能够被组织内部的许多人观察到,但他们往往意识不到这些警示的重要性。

图表 3-6 混沌管理系统：早期预警系统

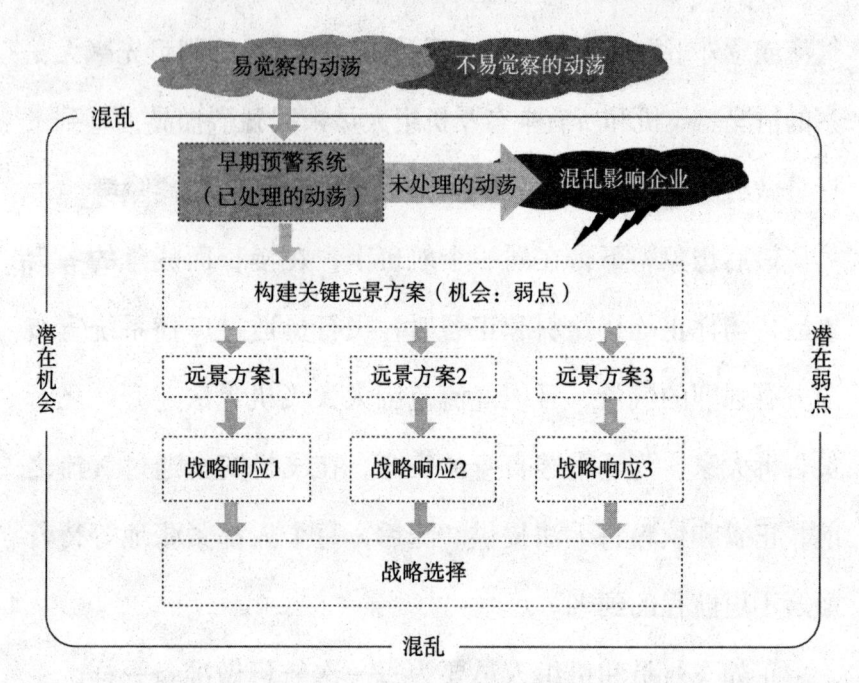

```
易觉察的动荡        不易觉察的动荡
         ↓
┌─ 混乱 ─────────────────────────────────┐
│  ┌──────────────┐   未处理的动荡         │
│  │ 早期预警系统 │ ─────────→  混乱影响企业│
│  │ （已处理的动荡）│                     │
│  └──────┬───────┘                       │
│         ↓                               │
│  构建关键远景方案（机会：弱点）         │
│    ↓         ↓         ↓                │
│  远景方案1  远景方案2  远景方案3        │
│    ↓         ↓         ↓                │
│  战略响应1  战略响应2  战略响应3        │
│         ↓                               │
│      战略选择                           │
│                                         │
│潜在机会                         潜在弱点│
└──── 混乱 ───────────────────────────────┘
```

沃顿商学院迈克技术创新中心的乔治·戴伊和保罗·舒梅克是企业早期预警系统开发领域备受尊敬的两位思想领袖。他们在合著的《周边视野：探测导致公司成败的微弱信号》一书中指出："企业最大的危险是那些即将到来却没有被发现的风险。了解这些风险并预测机遇需要强有力的周边视野。"

戴伊和舒梅克以在儿童玩具和洋娃娃市场长期占据领先地位的美泰公司为例进行了阐释，在2001年至2004年间，其时装娃娃市场份额被包括米高梅娱乐公司在内的规模较小的竞争者夺去了20%。米高梅娱乐公司创造了被称为布拉茨娃娃的新洋娃娃系列，因为它认识到了美泰公司所没有认识到的东西：青春期以前的女孩子已变得更为老于世故且快速成熟起来。与以往任何时候相比，她们都比芭比娃娃成长得更快，也更喜欢长得像她们哥哥姐姐们或者偶像明星的洋娃娃。随着芭比娃娃的目标市场从3至11岁的女孩缩小到3至5岁的女孩，布拉茨娃娃系列迅速占有了芭比娃娃大量的市场份额。当美泰公司决定采取行动用时尚的新娃娃系列拯救芭比娃娃衰亡的命运时，局势已无法挽回，有着四十多年历史的洋娃娃王后，一夜之间失去了五分之一的市场，而美泰公司事先却毫无觉察。（与此同时，美泰公司还起诉米高梅公司，控告称，后来为米高梅公司工作的美泰公司前设计师是在为美泰公司工作期间创造了布拉茨娃娃系列的概念。2008年12月，美泰公司赢得了对米高梅公司的这场诉讼，要求米高梅公司将布拉茨娃娃系列归还美泰公司并停止生产这个系列。）

戴伊和舒梅克进一步指出："当企业考察其主要的重点领域时，问题十分明确，答案也非常清晰：市场份额是多少？利润如何？销售额增长了吗？员工的离职率为多少？竞争对手都在忙些什么？但是，用于研究周边情况的问题需要更为开放，而且答案也不太明晰。例如，作为强生公司战略过程的一部分，其董事会以及战略特别小组的成员向自己提这些问题：2010年的人口构成情况会是什么样子？典型的医生办公室是什么样子？政府将发挥什么样的作用？纳税人将发挥什么样的作用？"

通常，当企业领导人开始考虑在企业内部建立正式的预警系统时，首先要研究的事情之一就是他们及其组织以前错过的并给他们带来最大意外的重要信息和市场情报。实际情况是，大多数意外的出现并非因为缺乏早期迹象，而是缺乏正视它们的文化和一种开放的心态。企业必须关注的重点领域包括客户和渠道、竞争对手和互补企业、新兴技术和科学发展（颠覆性创新和技术）、政治、法律、社会和经济力量、影响者和塑造者。

戴伊和舒梅克建议企业领导人首先回答以下八个重点问题，然后在首轮会议上围绕这些问题展开持续不断的讨论，从而开始预警系统的构建：

1. 我们过去的盲点有哪些？过去的这些盲点目前正发生着什么样的变化？

2. 其他行业是否存在有益的相似之处？

3. 我们把哪些重要信号排除掉了？

4. 在我们的行业里谁善于捕捉微弱信号并超前采取行动？

5. 和我们持不同意见的人以及局外人试图告诉我们什么？

6. 将来什么样的意外可能会真正伤害（或帮助）我们？

7. 什么样的新兴技术可能会改变游戏规则？

8. 是否存在一个想象不到的远景方案？

另一位从事早期预警系统领域研究的专家本·杰拉德也强调同样永恒的主题，即企业往往对眼前的事物视而不见。杰拉德着眼于外部环境，以帮助企业避免被意外事件打得措手不及。杰拉德的早期预警系统由三个截然不同但又相互依赖的部分组成，旨在避免他所谓的"产业不协调"（当市场现实状况超越企业战略时就会产生"产业不协调"）。这三个部分是：

• 风险识别。企业容易受哪些潜在的市场和行业发展因素的影响？

• 风险监测。竞争对手和商业环境中存在哪些可能象征这些变化的因素正在（或即将）起作用？

• 管理行动。管理者能随时了解风险动态并能够在组织遭受损害之前做出迅速而积极的响应吗？

"大量有益的事实有助于做出正确的决定。"位于弗吉尼亚州雷斯顿市的一家为中型企业提供咨询服务的战略咨询公司——埃克莱罗合伙公司合伙人之一罗素·齐泊曼如是说，"我们已经非常成功地帮助客户在最具有挑战性的时期生存下来并茁壮成长，方法就是让他们接受一个重要但十分困难的教训：在条件成熟时，无论是做出基于事实的决策，还是改变战略方向，都是管理层的软弱表现。我们一直对首席执行官们狂热信奉的结构式决策过程感到着迷，因为他们知道这种方法解除了他们肩上的压力，让他们看起来永远正确。"

让我们回到底特律汽车三巨头的例子，并考察一下哪怕是最小的早期预警系统可能会给他们带来哪些启示。很显然，在2008年底它们游说美国国会，争取250亿美元资金救援该行业之前，三巨头的主要问题在2008年底全球金融危机和经济衰退袭击美国、欧洲和世界大多数其他地区之前很长一段时间就已开始出现。人们可能会认为，三巨头出现在美国国会之前的很长一段时期，它们当中的一家或三家都应当或多或少地采取混沌管理系统。但是它们没有，而且当国会议员尖锐地质疑这些高管们如果给予他们资金，他们将如何花费这笔美国纳税人的钱财时，他们甚至都提供不出一份可行的、能够带领企业走向成功的商业模式的轮廓。有悖常理且具有讽刺意味的是，就在同一天，本田公司在印第安纳州开设了一家新的汽车生产厂，雇用1 000多名新员工。2008年前9个月，本田公司在美国市场的销售额上升，创纪录地达到市场份额的11%，使之成为仅次于丰田汽车、通用汽车和福特汽车的世界第四大汽车制造商。

让我们想象一下在向国会请求拨款救助五年之前，三巨头会如何回答上述八个重点问题：

1. 我们过去的盲点有哪些？过去的这些盲点目前正发生着什么样的变化呢？

回答：由于美国的汽车购买者越来越偏好外国汽车制造商的设计和价值，外国汽车制造商的稳步增长已经削弱了三巨头在美国的市场份额。特别是迅速老龄化的劳动力带来的养老金计划占企业营运总成本的比例越来越高。

2. 其他行业是否存在有益的相似之处？

回答：美国已经把本国（和世界）的电视机、音响和视频播放器、个人电脑及其他消费类电子产品市场份额让给了亚洲制造商。另一个例子是美国钢铁制造业。

3. 我们把哪些重要信号排除掉了？

回答：即使消费需求没有得到满足，在质量方面美国制造商也不能与外国制造商的汽车竞争，美国人（以及美国以外的其他人）还将偏好购买美国设计和制造的汽车和卡车；养老金的资金问题将通过收入和利润的大幅度提高得到解决，而收入和利润的提高来源于美国人更愿意购买三巨头的汽车。

4. 在我们的行业里谁善于捕捉微弱信号并超前采取行动？

回答：日本、韩国和欧洲的汽车和卡车制造商。

5. 和我们持不同意见的人以及局外人试图告诉我们什么？

回答：美国人对环境和替代能源越来越关注，"绿色运动"的力量正在美国崛起。

6. 将来什么样的意外可能会真正伤害（或帮助）我们？

回答：美国每加仑汽油的价格上涨到 3 美元，迫使美国汽车和卡车购买者购买更小、更节油的车辆；销售额和利润提高的速度赶不上美国三巨头养老金义务的增长速度。

7. 什么样的新兴技术可能会改变游戏规则？

回答：所有替代能源技术，尤其是亚洲汽车制造商在新车中推出并即将在美国上市的技术。例如，本田公司于 2000 年在美国开始销售电力混合动力汽车。

8. 是否存在一个想象不到的远景方案？这个方案是什么？

回答：油价超过每桶 150 美元，使每加仑汽油上涨到 5 美元，而美国经济陷入严重衰退，迫使消费者停止购买汽车和卡车。

是的，人们可能会争辩说，这些都是事后诸葛亮，很容易把错过这些早期预警信号至少十年的责任推给三巨头。然而简单的事实是：如果更多地关注来自市场和总体经济的许多迹象和信号，过去几年里三巨头会经营得好得多，在最严重的经济危机形势下，当外国竞争对手仅仅面临短暂低迷时，三巨头也不至于面临破产的问题。

构建重点远景方案

彼得·舒瓦茨在他的《不可避免的意外》一书中举了这样一个例子：几年前，花旗银行副总裁、比尔·克林顿总统任内的前财政部长罗伯特·鲁宾找到他，请他会见花旗银行顾问委员会及其高管们，并参加花旗的战略规划会。"我们被一些大事惊得目瞪口呆，"鲁宾说，"请告诉我们还会出现什么大的惊奇，我们想避开它们。"舒瓦茨发现就个体而言，花旗集团的高层管理者已经了解迫在眉睫的大多数问题和挑战。然而，没有人对这些问题和挑战进行通盘考虑，来全面了解花旗银行未来所面临的最大挑战。难怪花旗集团的高管们越来越感到惊讶。

花旗集团的高层管理人员零零散散地意识到了许多可能影响其企业的挑战，但是孤岛行为使得任何人都缺乏大局观念。最大的问题是，他们没有把所有的信息综合起来观察全局。

混沌管理系统的核心战略规律就是企业领导者必须汇集

来自各部门高层管理人员的意见，以及专家和企业（内部和外部）利益相关者关心的其他事项，开始构建可信的、企业可能会面对的重点远景方案。至少，应该有一个最坏情况远景方案、最期待情况远景方案和最好情况远景方案。在日益动荡的时期，企业领导人必须推动其群体进行调查并分析更多可能出现的情况，其中还包括最可怕的情景。

如图表3-7所示，重点远景方案的构建必须和制定适应每个远景方案的战略响应措施同步进行。

图表3-7 混沌管理系统：构建重点远景方案

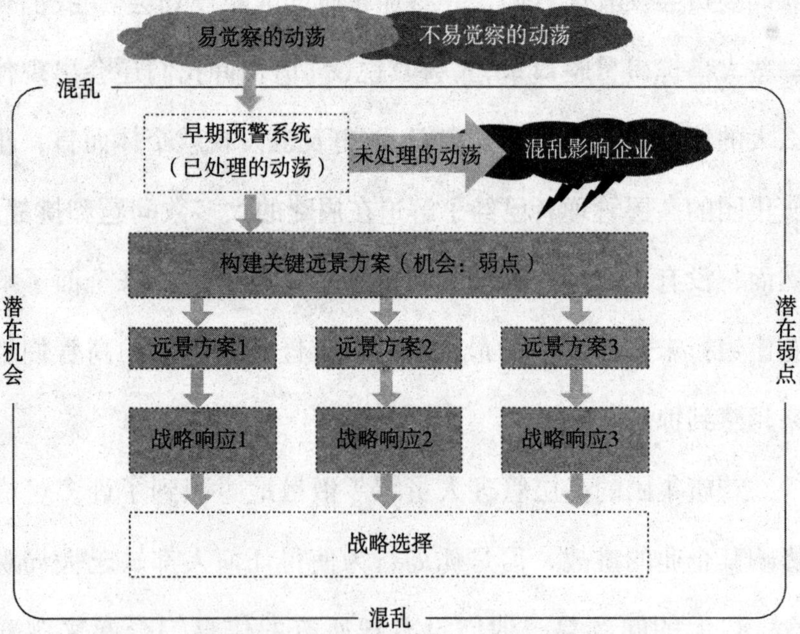

构建远景方案是组织用以制定灵活的长期计划的一种战略规划方法。这在很大程度上就是对最初由军事情报部门采用的一种经典方法——"战争游戏"的改进和推广。最初的方法是一组分析人员为决策者创造模拟游戏。在商务应用中，虽然还有更多的远景方案规划技巧，但对游戏的侧重部分保留了下来。

构建有效的远景方案需要确定在环境中可能造成混乱的动荡因素。契机和连续性可以在趋势中找到，但也必须设想意外情况的发生。荷兰皇家壳牌公司在几年前就启动了其远景方案的规划系统，在20世纪70年代石油危机之后，该公司的高层管理人员就日渐意识到了隐藏在市场中的意外和动荡。

当企业领导者以及他们的管理团队开始构建多个远景方案时，很多情况都取决于不确定性的规模。麦肯锡公司最近发表的一份报告将不确定性分为四个等级，每个等级各有自身的特点：

第一级：可以确定足够明确的未来，剩余的不确定性跟制定战略决策无关，因此管理人员可以做出唯一性的预测，这是其制定准确战略的依据。因而在这里，只用构建一个远景方案。为了对未来进行预测，管理人员可以使用标准的战略工具，包括市场调研、分析竞争对手的成本和生产能力、价值链分析以及迈克尔·波特的五力分析模型。可以用体现这些预测结果的折现现金流量模型来判断替代战略的价值。

第二级：发现了有可供选择的未来情况，此时未来被描述为几个不相关联的远景方案之一。在此情况下，通过分析并不能确定实际会产生何种结果，但会有助于确定结果发生的概率；如果预测结果中的一个得以实现，那么重点战略的一部分或全部要素将会发生改变。在这里，管理人员要构建若干远景方案并对每个远景方案的发生概率进行估计。战略的价值主要取决于竞争对手的战略，而这又无法进行观察或预测。例如，在诸如化学品和基础原材料等的寡头垄断市场上，根本的不确定性往往是竞争对手扩大生产能力的计划。规模经济往往要求任何工厂都要建得相当大，并可能会对行业的价格和利润率产生重大影响。因此，任何一家企业建设工厂的决策往往取决于竞争对手的决策。企业必须计算下列四种情况下的回报：如果本企业建设了工厂而竞争对手没有建设；如果本企业建设了工厂且竞争对手也建设了工厂；如果竞争对手建设了工厂而本企业没有建设；最后，双方都没有建设工厂。典型的第二级情形是：可能出现的结果是不相关联且明确的，但是很难预测究竟会发生哪种结果。

第三级：可以确定一系列潜在的未来情形，但关键变量十分有限。不存在自然的离散远景方案，战略的部分或全部会在每种远景方案下发生改变。因为潜在因素十分复杂,管理人员在这里会构建若干个远景方案。描述一系列可能的结果中的极端情况的远景方案往往相对容易构建,但它们对当前的战略决策没有多少具体帮助。有三条一般性规则可用来协助规划此种情况下的远景方案:(1)只构建数量有限的可供选择的远景方案,超过四种或五种远景方案的复杂戏法往往会阻碍决策;(2)避免构建对战略决策没有独特影响的过多的远景方案;(3)构建一套适应未来种种结果大概区间的远景方案,但不一定是适应整个可能区间的方案。

第四级:存在真正的歧义,不确定性的许多层面相互交织,形成了一种几乎不可能预测的环境。在这里几乎不可能构建出合理数量的远景方案并对之进行高度精确分析,因此决策是凭直觉现场做出的。即使不可能发现有意义的可信的或可能产生的结果,管理人员还是能够磨砺自己宝贵的战略眼光。通常,随着时间的推移,他们至少可以找出决定市场将如何演变的变量中的一个子集。他们也可以确定这些变量的指标。这些指标,有些是有利的,有些是不利的,他们会随着时间的推移,不断跟踪市场的发展,并根据获得的新情况调整其战略。及早发现市场变化以及类似市场的相似情况将有助于搞清楚这些想法是否现实。

在麦肯锡公司的四个不确定性等级之外的极端混乱情况

下，寻找正确答案将毫无意义：无法确定因果关系，因为它们处于不断的改变中；也不存在可以掌控的规律，只有极度动荡和混乱。这属于未知领域，2001年的9·11事件就属于这一类型。企业领导者眼前的工作不是发现规律，而是抚平创伤。领导者必须首先采取行动恢复秩序，然后检查一下哪里稳定，哪里不稳定，随后做出响应，把形势从混乱变成复杂再到恢复些许秩序，这时对新出现的规律的确定既可以帮助企业预防未来的危机也有助于其辨别新的机会。最直接的自上而下或广播式的沟通势在必行，因为根本没有时间征求意见。

虽然人们无法立即理解9·11事件，但这场危机需要采取果断行动。鲁迪·朱利安尼市长在极端混乱的条件下表现出了超凡的效率。他发出指示并采取恢复秩序的行动。然而，在担任纽约市市长期间，他恰恰是因为在那场灾难中得到表扬的务实有效的领导风格而受到批评。危机过后，领导者面临的一个具体危险是其中一些人在形势发生改变后，变得不那么成功了，因为他们无法改变自己的风格以适应变化后的形势。

回到比较容易被觉察的动荡上来，积极参与远景方案的构建可以增强企业领导者在制定战略中的深邃洞察力并提高其制定战略的灵活性。当以这种方式进行分析时，某些数据就显得更加重要一些。因此，管理人员可以优化信息搜索，进一步寻找线索和规律并对他们的想法和战略对策进行测试。

此类远景方案规划的首要价值在于它让商界领袖"对未来进行彩排",这种机会在日常经营活动中不会出现,因为每次行动和每个决策都十分重要。

下面是构建远景方案的一个有力而高效的办法:

1. 确定远景方案分析必须回答的关键问题。然后通过对比分析,评估远景方案规划是否优于其他方法。

2. 确定分析的范围和时间。要考虑到过去变化发生的频率,并设法评估对人口趋势、产品生命周期或其他关注的领域进行预测的可能性。

3. 确定主要的利益相关者。确定谁将会受到影响并对可能出现的结果感兴趣。确定他们当前的利益,以及在过去长时期里,这些利益是否已经改变、为什么会改变。

4. 绘制出基本趋势、动荡以及由此产生的混沌力量的轮廓。这种轮廓图包括产业、竞争力、经济、政治、科技、法律以及社会发展趋势。再用集思广益技巧确定这些趋势在何种程度上影响研究的问题,然后描述每个趋势,包括这些趋势将如何以及为何会影响组织机构和自己的企业。

5. 找出造成混乱的关键不确定因素。把将会对行业、市场和企业产生重要影响的混沌力量也包括在内。确定不同混沌力量之间是否存在联系,排除任何"不可能"的远景方案。

6. 确定重点远景方案。通常构建二至四个远景方案。如有可能，把它们绘制在网格图上。方法之一是把所有积极因素放在一个远景方案中，而将所有消极因素放在另一个远景方案中，然后对其余的远景方案进行优化。避免绝对最好和绝对最坏的远景方案。确定并开展必要的后续研究。

7. 对重点远景方案进行评估。它们与目标有关联吗？它们存在内在一致性吗？它们具有典型性吗？它们能够代表相对稳定的结果吗？

8. 收敛于决策性远景方案。追溯以上七个步骤的迭代过程，直到得出能够解决组织所面临的根本问题的远景方案。对每个远景方案的优、缺点进行评估，然后，在概率评估的基础上确定每一个远景方案的优先次序。

让我们回到美国汽车三巨头的例子，通过一个远景方案构建练习快速制定一个方案轮廓（见图表3-8）。

图表3-8 汽车三巨头远景方案构建练习（样本）

步骤	影响
1. 确定远景方案分析必须回答的关键问题。	日益增长的养老金义务成本。
2. 确定分析的范围和时间。	总部设在美国的公司员工的公司资助养老金计划（2004~2008年）
3. 确定主要的利益相关者。	雇员、工会、消费者、汽车经销商、供应商、银行、管理养老基金的养老基金公司——所有这些利益相关者的压力都有不同程度的提高。

续

步骤	影响
4. 绘制出基本趋势、动荡以及由此产生的混沌力量的轮廓。	由于退休人员和加入汽车工人劳动大军的年轻工人之间不成比例，导致员工迅速老龄化；养老基金投向的股票市场的波动趋于频繁；由于外国竞争对手的市场份额越来越多以及较低的成本（不属于工会的美国雇员）造成的低价格对利润率造成下降压力；来自低成本市场的外国进口品；劳动力价格和卫生保健成本的提高；由于工会会员规模缩小，工会越来越多地采取对立的立场。
5. 找到关键性不确定因素造成的混乱。	由于不稳定的石油价格上涨（以及骤然的破坏性下跌，如2008年晚些时候的情况就是如此）造成汽油价格飙升，使消费需求远离那些较大的、耗油的车辆；外国汽车制造商在美国市场的积极扩张，对销量造成下降压力而对成本产生上升压力；美国出现经济放缓或衰退；由于全球，尤其是来自新兴市场经济体需求的增加，原材料、日用必需品以及零部件价格大幅度上升。
6. 确定重点远景方案。	积极的远景方案：美国需求大幅度的增加使销量达到创纪录的水平，并大大增加了利润，这些利润将在证券市场上投资于养老基金，股市平均年回报率为25%；同时，美国政府将通过立法把公司资助的退休金计划下的所有美国人的退休年龄从65岁提高到70岁。 　　消极远景方案：多个资产泡沫（房地产、股票等）同时破灭，使美国陷入深度、持久的衰退；银行业因次级抵押贷款违约而压力重重并造成信贷紧缩，从而引发银行倒闭和长期通货紧缩。
7. 对重点远景方案进行评估。	基于目前掌握的资料，以及现在尚未确定但已经很高的概率来看，消极的远景方案要比积极的远景方案更有可能。
8. 收敛于决策性远景方案。	最有可能倾向于消极远景方案；制定替代战略和新的商业模式，以先发制人或减轻财务上的全面崩溃。

构建远景方案的这一过程要比做"应变方案"这一常规工作复杂得多。应变方案通常设想一个主要变量，并探讨当该变量发生变化时企业应如何做出应对。如果我们的竞争对手将价格降低一半，或者如果他推出了一种比我们的效率高20%的新机器，我们将如何做出响应？然而，远景方案着重研究若干因素造成的共同效应，这将与企业领导者面临的真实世界更为相似。所以，构建远景方案计划能够帮助企业领导者了解：如果一根或多根线头被抽拽，一块挂毯的各种错综复杂的线头将会如何移动。当企业领导者和他们的团队同时探究所有因素时，他们很快会意识到这些因素的某些组合会使影响得到放大。这可能会使人们更为深入地洞察未来。

对早期预警系统做最后一点说明：为什么明显的迹象，甚至是非常明显的迹象往往会被错过？诺贝尔奖和普利策奖得主、《纽约时报》专栏作家保罗·克鲁格曼在2008年金融危机之后写了一篇社论。"几个月前，我参加了一个经济学家和金融官员会议，讨论什么？讨论危机！"他写道，"有很多值得深刻反省的事情。一位资深决策者问道：'我们过去为什么没有看出它即将来临？'这些问题的答案之一是没有人喜欢探讨令人扫兴的事情。"克鲁格曼继续写道：

> 当房地产泡沫仍在膨胀时，放款人通过向任何一位申请贷

款的人发放按揭贷款而赚了一大笔钱财；投资银行通过将这些按揭贷款重新包装成闪闪发光的证券赚了更多的钱财；通过借来的资金购买这些证券并赚了大笔账面利润的基金经理们就像天才一样，而且这些账面利润得到了支付。谁愿意听那些令人沮丧的经济学家们警告说，整个事件实际上是一个巨大的骗局？经济政策机构没有看到目前危机的来临还有另外一个原因。随着可能出现更糟糕麻烦迹象的显现，1990年代的危机以及这十年中的最初几年应被视为可怕的征兆，但是大家都因忙于庆祝走出危机的成功，而无暇顾及这些征兆。

远景方案和战略选择

在构建重点远景方案之后，商界领袖必须选择最为可行的方案。对于每个远景方案，他们应制定出最合适的战略响应对策。然而，这并不意味着他们将从三种远景方案和战略中选择其一。相反，当他们认识到自己根本不知道会发生什么时，他们将采纳能够满足自己愿意接受的风险和机会规模的战略。有的管理者可能会争辩说，他们应采用最坏情况的远景方案并采取相应的战略，如果最坏的情况出现，该方案和战略就会起作用（通常称之为极小极大策略，即实现风险最小化）。另一个管理者可能会说，企业应为以诸多机遇为特征的远景方案构建战略，因为它可能使他们取胜。还有的管理者会说，动荡可能不会持续太久，他们应该重新采用过去一直运作得很好的战略。

主要问题在于，关于未来究竟会出现哪种方案，目前存在着太多的不确定性。但是探求在任何情况下都能运行良好的战略是很值得的。那么如果出现完全不同的情况，他们已经考虑过其他可能采取的对策（见图表3-9）。

图表3-9 混沌管理系统：重点远景方案及战略选择

```
                易觉察的动荡      不易觉察的动荡
  ┌──混乱────────────┼──────────────────┐
  │              早期预警系统   未处理的动荡
  │             （已处理的动荡）         混乱影响企业
  │                    ↓
  │           构建关键远景方案（机会：弱点）
潜                      ↓                         潜
在       ┌──────────┬──────────┐              在
机      远景方案1    远景方案2    远景方案3           弱
会       ↓          ↓          ↓               点
         战略响应1    战略响应2    战略响应3
          └──────────┼──────────┘
                    战略选择
  └──────────────混乱─────────────────┘
```

让我们借此机会回顾一下我们目前谈论的问题。企业将运行一套早期预警系统，这套系统将就可能发生的使当前战略过时的事件发出信号，并在出现战略拐点时向管理者发出警告。如果他们忽略这些信号，随之而来的可能就是大规模的动荡和混乱。企业应进一步考虑那些难以预测的意外情况并在有限数量的远景方案中捕捉这些可能性。管理者必须从战略上认真思考如何应对每个远景方案的情形。不一定非要选择一种最合适的远景方案（及其相应的战略）。但确实必须确定自身能够承受多少风险和机会。在这一过程中可能会形成每个人都认可的混合性战略，使企业在面对不确定性时能取得最好的结局。如果管理者对即将发生的事件判断失误，那么还可以转而采用适应新条件的更为适当的战略。至少企业在付诸实践之前已经认真考虑了其他的对策。

与此同时，混沌管理系统暴露了企业的一些重大缺陷和机会。企业可以致力于减少其较为严重的缺陷，但同时也要关注其最突出的机会。企业要有一个灵活的反应体系，具体要依事件的具体情况而定。

企业还必须在每个职能部门和地理区域建立针对每个远景方案的反应体系。例如，当美国南加州发生大规模火灾时，消防队员和当地政府有一套大家都认可的步骤尽快灭火并尽可能降低损失。同样，当发现加勒比海或印度洋出现飓风或海啸时，不同岛屿都有各自或相同的标准准备程序，以提醒居民并让他们在强烈的气流到来以及造成损害之前离开危险区域。

同样，企业也应该有类似的快速和（或）自动的应对机制。例如，瑞典的大型家具公司——宜家公司就拥有诸多自动应对系统。当某些贵重商品在一家商店或在一个预先设定的地理区域销售下滑，宜家公司会自动增加用于销售便宜家具的场地面积，并同时减少展示贵重商品的空间。与此相应，当贵重商品销售强劲时，宜家公司的做法就会与此相反以适应销售强劲的事实。

美国一家拥有50个电影院的连锁企业会不断观察每部电影的观众人数，当一流的、高票房电影院的观众人数下滑时，它就快速将该影片转移到偏远的、低票房的电影院。其根本的原理是在整个50家连锁电影院中，要保持一流的、高票房电影院和偏远电影院的票房收入最大化。

为了说明自动应对战略如何帮助支撑企业整体战略，这里有一个众所周知的案例。美国最大的低成本航空公司——西南航空公司在2001年9月11日之后，在全行业不景气的形势下坚持走了过来，成为世界上盈利最多的航空公司之一。2008年是其持续盈利的第35个年头。之所以出现这种情况，是因为从20世纪90年代起，西南航空公司启动了一套先进的自动应对套期保值战略，以减少其高达50%的燃料费用。该战略已产生超过40亿美元的收益，其中2005年一年的收入就达10亿美元，占西南航空公司当年营运收入的105%。西南航空公司采用套期保值战略进行自动应对的原因很少被提及。对于西南航空公司的高管们来说，对冲燃油成本的风险只是稳定成本、服务水平和票价的更大战略的一部分。他们知道，燃料价格上涨是他们经营模式的最大威胁，不管发生了什么，他们仍选择做低成本航空公司。如果燃料价格上涨，他们的对冲意味着他们将在该市场上胜出，因为他们的劳动力和生产力的优势将因燃料价格的优势得以强化。如果价格持平或下跌，他们的成本仍将是最低的。其结果是，西南航空公司是第一个认识到石油价格风险不一定是航空公司必须承担的自然风险的航空公司。

结论

现在以及将来，企业拥有和生产什么远远不及企业发现动荡、预期混乱以及管理风险的能力更为关键。识别和管理风险远远没有那么简单明了。构建远景方案和战略以应对预计的风险并利用机会，需要企业领导者在组织内部慢慢灌输新的战略行为和方法。

当这些新的和必要的行为落实在日常的决策过程时，它就会创造一种能够系统地克服动荡造成的混乱、并赢得日常竞争的动力和文化。尽管狂暴的大风猛烈地击打着它们，这些企业将仍会在动荡年代大获全胜。

第四章　筹划具有适应力的管理体系

并不是他们没有看到解决问题的方案，而是他们没有看到问题。

——G. K. 切斯特顿,《布朗神父的丑闻》

在我们生活的时代里，仅仅2008年一年中就有一些老牌公司如雷曼兄弟、贝尔斯登以及22家银行出现了破产。这些机构就像是删除信中的错别字一样很容易就不复存在了。企业领导人必须有勇气提出一些棘手的问题，甚至需要更大的勇气接受残酷的结局。

不愿意承担与未知甚至是不愉快相关的风险是人的本性。但与此同时，不管结果有多么严重，我们每天确实都在接受和承担着风险，而我们之所以意识不到是因为最糟的结果极其罕见。例如，每天有数百万人乘飞机旅行，当机组人员指示说："万一发生机舱失压或在水上迫降……"大多数人不会认真考虑如何应对这种紧急情况，因为他们在情感和理智上都不愿去想这种毁灭性的事件。虽然所提供的信息对在这种紧急情况下得以幸存至关重要，但是人们通常感觉学习在紧急情况下如何生存的过程反而会提高毁灭性事件发生的概率。尽管学习应急令人产生不快，但撇开感情不说，要想在经商或日常生活中取得成功,必须先学会生存。

企业领导人和他们的高层管理者有责任保证混沌管理系统行为及战略融入到组织的每个细胞中。我们并非要通过混沌管理系统创造一套适合每个企业的战略,而是要为企业量身定做一个战略行为框架。因为每家企业的可变因素本质上是具体而独特的,所以这一框架在使用时具有很强的适应性。

无论企业领导者是否相信新环境会带来更多的机会或威胁,但是日益加剧的动荡已经成为商业生活的一部分已成为一种不可否认的现实。应对新现实最有效的方法是务实,而且制定方法时一定要十分谨慎和严格。这是一种精心设计且建立在强劲、灵活、敏感的管理架构基础上的系统方法,并且每种关键业务的展开都基于这个方法。同时,通过这种方式,企业领导者可以降低危机期间发生意外的可能性,使自己的企业免遭灾难性的破坏甚至破产的打击。这正是花旗集团和通用汽车公司一直努力做的。

在大幅度削减开支之前,领导者必须找出一个或多个存在效率低下问题的关键职能部门:财务和信息技术、制造和运营、采购和采办、人力资源及其他部门。在常态时期,这种低效率都被默许了,但在动荡时代,这种低效率(特别是指"臃肿的机构"带来的效率低下)可能会使企业变得特别脆弱。在动荡形势下,旧有的商业模式是行不通的,管理者必须着手将资本重新配置给畅销产品、可盈利的细分市场和地域，否则就会冒亏本的风险。

"采取积极举动的企业高层领导现在可以提高企业的中长期地位。"亨特威尔管理咨询有限公司总裁迈克·亨特说。作为一位在全世界有着25年应对快速变化商业环境经验的老将，他为企业提供营销和销售战略咨询。亨特说："短期就是这样，什么都不明朗，所以你必须理性地加以应对。我们会建议某位客户通过淘汰较弱的渠道成员，增加对较强渠道成员支持的方式来加强分销渠道；对另一个客户而言，我们正通过加强对营销投资的监测、提高营销投资的责任来调整其销售和营销战略——没有什么比一场适时的金融危机能够更好地促进交战各派之间的合作了；我们还调整了其他客户的产品管理和产品组合管理流程，取消了在低效率产品上的投资，同时为其在2009年打入中国市场腾出时间，以集中开发新的或重新设计的产品。"

亨特总结道："所有这些措施都可以节约资金，而且有巨大的增值潜能。一些企业明白了这一点，他们正在灰色的天空下寻找机会，而且觉察到今天做出的大胆而理智的投资决策可以从根本上改变明天的竞争格局。"

企业领导人必须认识到现在的环境正变得越来越难以预测。为了利用新的动荡环境，企业必须稳步成为更敏感、更稳健、更有适应性的组织，否则就有破产的危险——这就是实施混沌管理系统的目的。企业领导人必须直面不可避免的经济动荡和混乱，大胆为每一个关键职能部门确立新的战略行为，即混沌管理系统行为。如图表4-1所示，典型企业的关键部门是财务和信息技术部门、制造/营运部门、营销和销售部门、采购部门和人力资源部门。营销和销售职能部门的混沌管理系统行为将在第五章另行讨论。

图表4-1 筹划具有适应力的管理和营销系统

混沌管理系统

财务和信息技术	销售
制造/营运	采购/采办
营销/销售	人力资源

企业领导人的管理目标是建立一个敏感、稳健且具有适应性的组织，简而言之，就是能够生存和发展的组织。关于实现企业可持续发展的问题将在第六章详细讨论。

通过对敏感性、稳健性和适应性这三个特征给出简单而直截了当的定义，可以更深入地了解企业领导人的目标：

- 敏感性，指能够迅速对外界刺激做出反应。
- 稳健性，指能够承受紧张、压力以及程序或形势的改变，它意味着能以较少的损失、变更或功能丧失应对经营环境中的变化（有时是难以预料的变化）。

• 适应性，指弯曲、压缩或拉长之后能够恢复到原来的形式或位置。在商业中，适应性意思是能够回弹或反弹。

当我们谈及一些企业多年来成功地适应了风云变幻的环境时，其中就包括"隐形冠军"——全球管理咨询公司西蒙库屈联合事务所的创始人及总经理赫尔曼·西蒙在《隐形冠军：全球500强不知名公司的成功之道》一书中首先对"隐形冠军"进行了讨论。随后，西蒙在其最近出版的《21世纪的隐性冠军》一书中继续了其对隐性冠军的研究。他建立了一个普通公众不太了解，但盈利性很高的包含2 000多个隐形冠军的数据库。这些企业分布在世界各地，当然主要集中在欧洲和北美。西蒙将隐形冠军定义为通常从事B2B活动的中等规模企业。它们非常专一，质量一流，与顾客保持密切接触且创新性强，往往在特定区域或全球范围内开展运营。此外，它们是高利润企业，不是在其服务的市场排名第一，就是全球市场排名第一、第二或第三。

西蒙在三个嵌套循环的系统背景下，总结了隐形冠军的"九个教训"，其中对隐形冠军的业务核心来说必不可少的两个教训是：（1）强有力的领导；（2）雄心勃勃的目标。"九个教训"中与内部能力密切相关的三个教训包括：（3）依靠自身实力；（4）持续创新；（5）选择并激励员工。西蒙的"九个教训"中体现隐形冠军推动外部机会能力的最后四个教训包括：（6）有限的市场专注度；（7）竞争优势；（8）贴近顾客；（9）全球导向。

与西蒙所述的隐形冠军一样，所有企业必须认识到当今环境在许多方面正在发生无法预测的变化。在这一新的环境下，企业必须更敏感、更稳健和更具有适应性。混沌管理系统的目标是帮助企业重新获得有助于它们生存和发展的能力，最终实现企业的可持续发展。

西蒙的隐形冠军模型与进化论者史提芬·杰·高特提出的模型类似。高特在所谓的"间断平衡"理论中声称：进化不是一个持续的过程，而是跳跃式的。有很长一段时期变化很小，而随之而来的就是短期内的剧烈变化。这种假设可以很好地应用于一般市场，尤其适用于隐形冠军。西蒙采访的大多数企业管理者证实，他们的企业是以显著的跳跃方式发展的。为此，人们可能会怀疑，目前迅猛的全球化和全球经济环境的急剧变化正促使 21 世纪的隐形冠军快速果断地加速增长并增加市场份额，亦或许现实已然如此了。

混沌管理系统

从第一章起,我们就概述了企业主管开始转型并创建企业可持续发展的必要步骤,这使企业即使在最混乱的环境中也能抵御压力。本书每一章都提供了一个循序渐进的过程,以确保公司整体及其关键部门做好充分准备,在面对意外动荡时能够迅速而果断地采取行动。为了实施混沌管理系统,我们确定了路线图,并简单明了且重点突出地将其概括为包括八个步骤的过程(如图表4-2)。

图表4-2　混沌管理系统实施周期

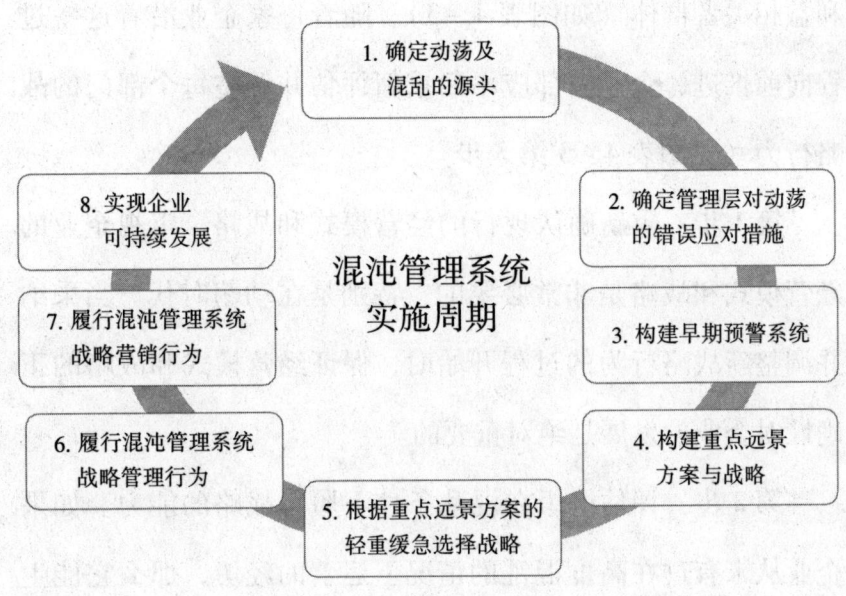

混沌管理系统实施周期:

1. 确定动荡及混乱的源头
2. 确定管理层对动荡的错误应对措施
3. 构建早期预警系统
4. 构建重点远景方案与战略
5. 根据重点远景方案的轻重缓急选择战略
6. 履行混沌管理系统战略管理行为
7. 履行混沌管理系统战略营销行为
8. 实现企业可持续发展

1. 确定动荡及混沌的源头（第一章）
2. 确定管理层对动荡的错误应对措施（第二章）
3. 构建早期预警系统（第三章）
4. 构建重点远景方案和策略（第三章）
5. 根据重点远景方案的轻重缓急选择战略（第三章）
6. 实行混沌管理系统战略管理行为（第四章）
7. 实行混沌管理系统战略营销行为（第五章）
8. 实现企业可持续发展（第六章）

为进一步进行引导，我们提出了一套包括五个步骤的过程来实行混沌管理系统战略行为。这些战略行为应该应用于整个组织、每个部门、每个关键职能部门的关键支持系统和利益相关者群体（如图表4-3）。随着每家企业沿着这一过程向前推进，企业内部应不断重新评估并调整每个部门的战略行为（见图表4-3第5步）。

第1步：重新确认现行的经营模式和战略。审视企业的经营模式和战略是非常必要的，特别是在动荡时代。当采纳并调整新战略行为的过程开始时，保证经营模式和战略的正确性对企业的发展是绝对重要的。

第2步：评估组织在混乱条件下履行战略的能力。如果企业从未有过在高度混乱的情况下运营的经历，那么它能生存到现在已经非常幸运了。一位总经理转述了下面这个故事：

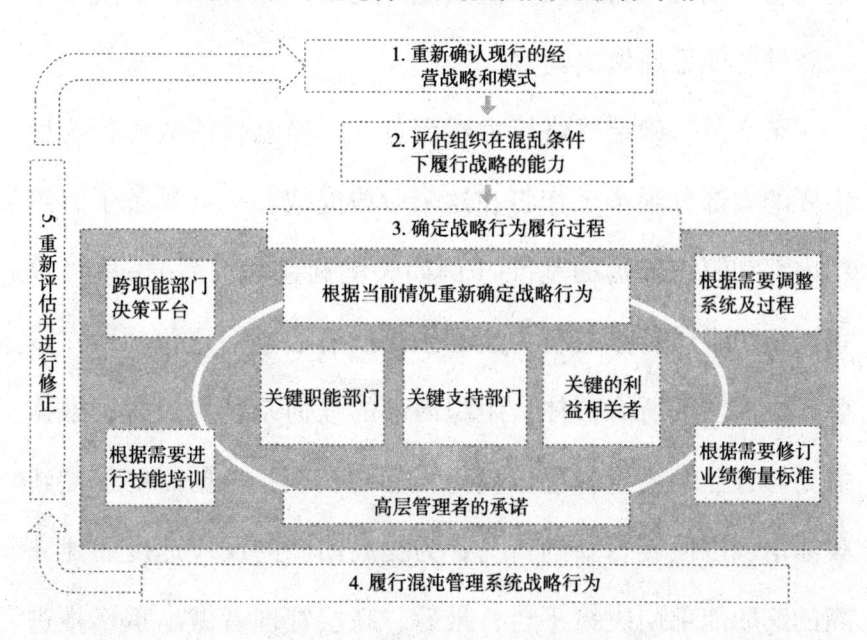

图表 4-3　混沌管理系统战略行为履行计划

```
         ┌──────────────────┐
    ┌───▶│ 1. 重新确认现行的经 │
    │    │   营战略和模式      │
    │    └──────────────────┘
    │              │
    │              ▼
    │    ┌──────────────────┐
  5 │    │ 2. 评估组织在混乱条件 │
  重 │    │   下履行战略的能力  │
  新 │    └──────────────────┘
  评 │              │
  估 │              ▼
  并 │    ┌──────────────────────────────────────┐
  进 │    │      3. 确定战略行为履行过程            │
  行 │    │  ┌────────┐              ┌────────┐   │
  修 │    │  │跨职能部门│ 根据当前情况  │根据需要调整│  │
  正 │    │  │决策平台 │ 重新确定战略  │系统及过程 │  │
    │    │  └────────┘    行为      └────────┘   │
    │    │  ┌────────┐┌────────┐┌────────┐     │
    │    │  │关键职能 ││关键支持 ││关键的利 │     │
    │    │  │部门    ││部门    ││益相关者 │     │
    │    │  └────────┘└────────┘└────────┘     │
    │    │  ┌────────┐              ┌────────┐   │
    │    │  │根据需要进│ 高层管理者的  │根据需要修订│  │
    │    │  │行技能培训│   承诺       │业绩衡量标准│  │
    │    │  └────────┘              └────────┘   │
    │    └──────────────────────────────────────┘
    │              │
    │              ▼
    │    ┌──────────────────────────┐
    └────│ 4. 履行混沌管理系统战略行为 │
         └──────────────────────────┘
```

当他企业下属的最大工厂的屋顶在美国东海岸一场"百年不遇"的大雪重压下坍塌时，由于他们并没有事先制定过紧急情况预案，因而无法将生产转移到北美其他两个工厂。由于前一年企业已经采用了精益生产法，即为了降低成本，库存非常低，所以在 24 小时内，该企业至少有一半的重要顾客没有得到他们所需的产品。但幸运的是在接下来的 24 小时内，该企业的高层管理团队分别与三家合同厂商签订了合同，在受损设施恢复生产之前，由这三家合同厂商填补未来三个月的产品缺口。虽然这位总经理和他的团队因未能构建关键远景方案在评估的相关项目中只获得了个 "C"，但因其在混乱情况下的运作能力而得了个 "A"，并且他们自此完全执行了混沌管理系统行为以减少重大意外的出现或者至少在发生重大意外时能迅速做出调整。

第3步：确定战略行为履行过程。确立新的战略行为所需要的大部分艰辛工作将在这个阶段完成。一旦具备了解组织内部和组织外延的基准（例如关键利益相关者），就可以审视组织中履行战略行为所必须的所有要素。这包括：在步骤2中评估的所有群体；组织内部的任何系统和过程；根据需要修订业绩衡量标准以确保目标的实现；根据需要提供新技能培训以便履行新的行为；为提高团队的反应速度而建立新的跨职能部门决策平台；最后，高层管理者做出承诺推进一切必要的变革并提供完成这些变革所需的资金。

第4步：履行混沌管理系统战略行为。这时，应当在企业的关键部门乃至整个外延组织贯彻新的战略行为。同时，为了快速有效地进行部署，也需要对这些行为进行反复测试。

第5步：重新评估并进行修正。最后，一定要记住，新常态中会间歇性地出现繁荣和衰退，混乱的程度将随着时间的推移而上下波动，有时混乱会达到一个战略拐点，这要求企业废除已有经营模式，以便采纳新的经营模式。即使达不到这些足以改变游戏规则的战略拐点，也要求企业领导人和他们的高层管理人员不断地对旧的经营模式及其相应的战略进行重新评估和修订（如图表4-3的单个封闭环所示）。

借鉴许多经营业绩长期超越其行业对手的企业的经验，让我们关注一下关键职能部门应如何着手创造更敏感、更稳健且更具适应性的组织。让我们来研究一下首席执行官应期望每个部门如何应对新爆发的动荡和混乱。

财务和信息技术部门

财务部门

当2008年金融危机肆虐时，《经济学家》杂志指出"应为财务经理之年做好准备。世界将进一步认识到企业的资产负债表有多么糟糕，企业（他们当中大部分已摆脱信贷紧缩的早期影响）会发现筹集资金越来越难。外加成本上升、需求下滑，因此企业要求首席财务官也要负责支撑损益表"。

当首席财务官和信息技术主管们看到经济或其行业即将进入长久的不稳定期时，他们可以依靠专门为其部门制定的战略行为清单，在需要采取行动的领域做出削减/延迟、外包、增加/加速的选择，如图表4-4所示。面向财务和信息技术部门的混沌管理系统行为清单简明扼要，为准备挺进长期混乱状态的财务和信息技术主管提供了切入点。实际上，许多战略行为是商业计划的组成部分，因此需要进行更为详尽的推演。

图表 4-4　财务和信息技术部门混沌管理系统战略行为清单

削减/延迟	外包	增加/加速
• 新的融资关系（如果目前的融资关系不可靠，就要谨慎寻找新的关系） • 首次公开募股 • 基础设施投资和其他资本设备支出 • 涨价 • 对某些客户提供优惠条件 • 分红 • 股份回购 • 业绩欠佳的业务 • 透支的使用（可能被银行抽回） • 全面削减 • 解雇关键员工 • 自主养老金计划投资 • 相对于竞争者的债务股本比	• 所有或尽可能多的非核心支持服务 • 所有或尽可能多的非核心信息技术服务 • 所有或尽可能多的非核心人力资源服务（如劳资、培训、薪酬规划等）	• 旨在为决策者提供更适时的高质量信息的新的管理层报告系统 • 加强沟通和提高生产力的新技术 • 费用控制程序 • 预付折扣，批量折扣 • 合并尚未外包的行政和支持费用 • 与专业服务提供商谈判争取更为有利的条件（例如注册会计师等） • 在整个组织以及和所有利益相关者之间举行网络电话会议 • 使用定期贷款（不会被银行抽回） • 对企业所有区域和所有关键人员进行单独拜访 • 在资产价格/估值较低时通过收购丝线增长 • 任何能够大幅度提高生产率的重组

例如，建议采取的行动之一是"增加/加速重组带来巨大的生产力增长"，不管挑战规模如何，这一建议适合不同规模的公司。国际石油巨头——英国石油公司的经历颇具说服

力。这家公司在20世纪90年代中期的衰退中濒临破产，当时该公司负责石油和天然气勘测分部（BPX）的约翰·布朗勋爵开始着手对他的部门进行重组，他的选择非常明确：要么大刀阔斧改革，要么走向末路。BPX的绩效责任被下放到油田层面。过去的绩效考核按地区进行，下层经理们完全不知道自己的表现如何，也没有改善绩效的动力。最初的"解集"试验表明，这的确提高了产量，降低了成本。这种方法被推广到整个部门，并且在布朗勋爵于1995年成为英国石油公司首席执行官之后被推广到了整个公司。

这家石油巨头传统上有着高度集中的等级架构，但是布朗勋爵把总部员工裁减了80%，并且把决策权下放给90个新成立的业务单位。等级层次少了很多，90个部门的负责人直接向公司的九人董事会报告，尽管后来当英国石油公司通过收购壮大之后又重新设置了某些中间层次。各个经理从总部得到的支持大幅度减少了，他们所在孤岛的保护伞被突然掀开了。也正是为了进一步弱化他们的孤岛意识，部门之间建立了横向联系。BPX的资产被划分为四个部分，大体反应了它们所处的经济寿命阶段，由于每个部分的成员面临着类似的商业和技术问题，因此各部分之间可以互相支持，并帮助解决彼此的问题。英国石油公司员工形成了一种深刻、内在的奉献精神，他们决心不断改善业绩。相互信任感增强以后，员工乐于在他人面临困难和需要帮助时施予援助之手，对于寻求帮助的请求予以积极响应，履行有关业绩的承诺。作为经济最困难时期强行重组的一部分，英国石油公司出售了其部分资产，并在三年时间里，裁减了大约50%的员工，为未来十年的发展做好了准备。

布朗勋爵在英国石油公司的做法正好与麦肯锡公司最近所做的关于2000~2001年经济衰退的研究报告一致，即当进入经济衰退时，最成功的首席财务官通常使资产负债表呈现较低的负债率，紧缩其营业成本。这些基本措施给他们带来了高度的战略灵活性，在衰退时显得更为可贵。尽管过去的衰退对未来不一定有指导作用，但是麦肯锡的研究参与者认为灵活性非常重要，因为它能帮助首席财务官利用下一次衰退提供的机会。

麦肯锡公司在他们的研究中发现，最成功的首席财务官为其企业赢得了重要的灵活性，这主要体现在资产负债表和经营中，具体来说，灵活性包括：

资产负债表灵活性

- 生产能力的稳定增长：
  ——继续并逐步有组织地增加生产能力
- 减少库存以及应付款：

——保持精益库存；将库存情况提高到衰退前的水平

——保持向供货商及时支付的能力，以保证更好的合同条款

• 具备利用机会所需的融资能力：

——与同行相比，减少负债

——通过增加现金余额、减少分红提高内部融资能力

经营灵活性

• 成本变动性

——衰退期间减少销售、综合和行政管理成本

——培养迅速调整的能力以减少开支

——维持较高的员工生产力

——不要进行全面裁员

不论这些企业在衰退前如何定位，许多领导者会在衰退期间努力扩大其业务，既有有机活动（通过内部投资），也有并购、联盟和合资等无机活动。尽管领导者以和较差企业同样的速度通过资本支出或收购增加了他们的资产基数，但是他们的增长重点是不同的：较成功的首席财务官会确保他们在并购方面的支出较少，更加注重有机增长。

麦肯锡的研究报告称，平均而言，顶尖企业资本支出要比较差企业高出8%，通过并购带来的增长比较差企业低

13%。但是，在衰退期内，较成功者通过继续投资和无机增长超越了竞争对手：处在市场前1/4强的企业会增加资本支出方面的花费，增加量为总支出的15%，同样，在并购方面花费的增加量则为总支出的7%——可能是从不幸的卖方手里购买的廉价资产。这些首席财务官为了争取较低的价格和较好的服务，能够快速向供货商付款。成功的首席财务官则会利用企业在衰退前形成的资产负债表的灵活性所带来的利益，最终成为部门的领头羊。例如，企业衰退前平均净负债权益比率是他们较差竞争者的一半，与那些不太成功的企业相比，衰退后的领头羊企业的资产负债表上持有的现金比衰退前要多。

首席财务官们可以构建企业资产负债表的灵活性，例如可以通过降低经营模式中的资本密集度，或者克制为股息增长或股票回购增加债务进行融资的欲望。麦肯锡的同一项研究表明，扩张期间利润增长时，成功的企业不会提高股息——它们的股息支付率四年后才会从高峰时的40%逐渐下降到32%。然后，它们在衰退的初步迹象出现时积极削减股息直至将股息支付率降到28%。与此相反，它们较差的同行在衰退前保持股息支付率大致稳定在33%左右，在最近的一次衰退开始时甚至可能将股息支付率提高到38%。

长期衰退的前景促使首席财务官展开更严厉的应急处置方案，以便管理信用风险、腾出现金、出售资产并重新对增长进行评估。但高管们也应该通过衰退创造的机会进行反思。研究表明,衰退初期,当资本支出、研发、广告等成本居高不下时,事先已计划削减或扩张的企业高层是能够采取正确行动的。

在留住企业现有人才的同时,经济衰退,尤其是长期的衰退,是雇用新的顶尖人才的大好时机。这也是在长期战略举措上花本钱并进行战略收购的时期,尤其收购那些已经有所关注,但在经济繁荣时期因太贵买不起的企业。一般而言,现在拥有强劲资产负债表的企业更能够利用目前的信贷市场条件为股东获取巨大价值。

令人遗憾的是,首席财务官职责范围内的许多职能不会增值,这并非因为首席财务官不能增值,而是因为这些职能仍由内部提供。有些支持性服务应立即外包,正是它们一直让首席财务官不堪重负。例如:

职能	外包给
薪金和薪金税收	薪资服务公司
员工福利	计划管理公司
出版物	履约公司
会议规划	会议规划公司
设施管理	相关职能的外部代理公司
投资	外部资产管理公司

在许多情况下,培育财务和运营的灵活性构成了首席财

务官从衰退中获益的核心。因此企业高层应该懂得如何使成本更为灵活，首席财务官们理应把资产负债表准备就绪。理想的举措包括塑造投资者基础，这样在衰退时一些可能违背传统观念并需要降低股息的想法就可以凭借他们的支持而得以实施。

度过严重经济风暴的企业过去的成功经验表明，企业在混沌时代应当审慎发展新的融资关系。在艰难时期，企业必须与其最可靠和最值得信赖的银行和投资伙伴保持密切的关系。但是，并非所有企业的情况都如此，因为有些企业的合作伙伴已变得不再可靠。需要更可靠、灵活的金融伙伴的企业不应该放弃调查并接触潜在的新伙伴的机会，如私募股权投资者或主权财富基金，他们巨大的财力可以帮助盟友充分利用衰退，他们的观念也更符合企业的中长期目标而且比企业目前的合作伙伴更为可靠。

当经济困难时期来临时，企业管理者们开始要求其高管们所领导的部门准备迎接即将到来的狂风巨浪。展望未来，这些狂风巨浪将会持续较长时期。在此方面，管理者可能向首席财务官提出的问题包括：

- 我们要采取什么步骤来降低总成本？
- 我们的现金流量状况如何？采取什么方法维持它？
- 我们可以延期的现有重大资本支出是什么？

- 我们和银行的信贷额度的状况如何？可以很容易地利用吗？

- 我们怎样才能提高全部产品线的利润？

除此之外还有很多问题，对此，首席财务官必须在首席执行官提出这些难题之前准备好答案。

信息技术部门

在既困难又膨胀的经济时代，信息技术部门的经理们应该不断努力来削减开支以及提升企业价值。摩士集团的技术战略顾问布赖恩·穆雷说："本能的反应是撤回安全地带，按一下暂停按钮并降低成本。这种战术可能不划算，即一开始省钱，但经过一段时间以后，不仅没有省钱反而浪费了更多的钱。"衰退的速度和深度加剧了总体局势的复杂性，大部分企业匆忙做出反应，"他们只好撕毁两周前刚刚制定的预算，从零开始。"嘉特纳集团的一位受全球经济衰退影响的客户如是说。

根据最新研究，当业务主管和信息技术主管共同从头至尾考察业务流程时，由此产生的投资所带来的影响可能是降低信息技术成本传统方法的十倍。经济衰退给企业提供了一个反对传统观念、增加信息技术投资的机会。许多领域的目标投资所产生的效率和增加的收入远远超过降低直接成本所节约的资金。

诀窍就在于寻找机会——改进顾客体验、降低收入流失并提高经营杠杆。这种努力从调查制造和运营部门中有可能产生近期收益和效率提高的领域开始。然后根据麦肯锡的一项研究，确定信息技术投资能够带来重大影响的方式。例如：

• 管理销售和定价：深入了解顾客群，改进定价原则以达到在不提价的前提下提高收入。

• 优化采购和生产：重新考虑供应链和物流以改进交货时间安排和库存管理。

• 强化支持过程：改进现场工作人员和客户支持中心的管理和使用（如安装人员和现场技术人员）。

• 优化营业开支和绩效管理：提高识别风险暴露的能力，改进决策和绩效管理流程。

制造／营运部门

有了卓越的远见、规划和行动，使得许多制造和营运主管不仅能让其企业在任何经济衰退中生存，而且还能使企业长期受益，这是因为新环境迫使早该调整的过程做出改变，包括给企业带来大量成本的控制系统。防止经济衰退使利润降低的首要步骤是在不影响业务经营高价值部分的情况的前提下严格分析并精简企业的成本结构。一个组织的行政和营运基础架构在良好的经济形势下往往发展很缓慢，但是当业务下滑时，它通常会受到审视，而且很容易面临费用的全面缩减。

制造和营运主管明白企业的成本结构对于降低或消除与销售无关的成本是十分必要的。因为营销、销售以及顾客和技术服务支持人员都涉及日常间接费用，他们是确定浪费和低效做法的优秀资源。展望未来，一种更具协调性和跨职能部门的方法是识别和降低非增值性的直接费用以及减少新的不必要间接费用的最佳途径。

不幸的是，在经济严重衰退期间，企业必须做出某些艰难的决定。最快速降低成本的方法就是裁员。管理者需要确定：哪些员工能增加关键价值，哪些职工不能增加关键价值。人们可能会说，全体员工都提供了关键价值。在这种情况下，就要确定哪些成员增加的价值最少？有职责出现明显重叠的领域吗？如果有的话，在企业经历经济风暴时，一个人可能需要完成两个人的工作。增加关键价值最多的员工不但不应被解雇，而且还应当把他们对企业所贡献的价值告知他们，以鼓舞全体员工的士气。

当制造和营运主管被问到他们所在的团队如何帮助企业度过困难时期时，主管们现在可以关注一下为他们的部门采取必要行动所制定的战略行为清单（如图表4-5所示）。混沌管理系统制造／营运行为清单应当适用于所有时期。唯一的例外是在漫长的繁荣时期，然而，即使在那个时候也必须启用早期预警系统以探查可能影响企业的任何新情况。

图表4-5 混沌管理系统制造/运营战略行为清单

削减／延迟	外包	增加／加速
• 与生产能力有关的资本支出项目（例外情况：拥有高额现金储备的企业和高投资回报率的项目） • 新的供应商关系；相反，努力维持现有供应商 • 制造过程中不必要的步骤（如额外的包装材料，油漆，硬件） • 出货计划 • 库存，但不能损害核心顾客的客户服务 • 新产品或增强非核心产品和服务	• 对竞争优势不具决定性的设计和工程作业 • 需要新技术或新设备的生产 • 低价值生产 • 物流和供应链管理	• 激励那些发现节约成本机会的工会和供应商 • 对提高生产力给予奖励 • 跨职能部门交叉培训以提高经营灵活性 • 投资于工厂生产量计划 • 跨工厂协作 • 技术投资以改进沟通、增强责任 • 单品合理化 • 加班，直到必须重新聘用人员 • 生产预测的准确性 • 库存周转

制造/营运部门的员工士气对确保生产力强劲以及企业乐

观向上的精神是至关重要的。与员工保持沟通让他们了解正在发生的事情以确保员工的参与度十分重要。这个时候是增加培训机会的理想时机。岗位交叉培训可以提高生产力和灵活性，因为一旦职工生病、度假或聘期届满，岗位交叉培训可以让职工相互"补台"。增加培训方面的投资给有功劳的职工带来了额外的责任，而这反过来也会强化了他们的自我激励。

当预期销售额在经济衰退期间减少时，生产水平需要按比例下调。这个时候不要把流动资本和过剩库存挂钩。管理层必须确定随生产水平的变化而变化的成本，并且确保适当降低这些成本。要关注生产过剩的预警征兆：稳定的库存增长是由库存周转天数来衡量的。

在一篇题为《战略企业：重新审视复杂组织的设计》的文章中，美世德尔塔咨询公司描述了他对未来组织架构的愿景：可以共享能力创造价值时，战略联盟企业会紧密联系，而当创造巨大价值的重点领域存在差异化时，其联系会比较松散。换言之，密切和松散的关系在同一组织中将同时并存。例如，在研发领域，存在于两个企业之间密切的交叉职能关系对双方都有利。相反，假如这两家企业中的另一个职能部门，比如营销部门，不能轻松实现互惠增值，那么两家企业的这部分关系将会显得比较松散。

在传统的组织结构中，运营单元之间不是像美世德尔塔的大卫·纳德勒所说的那样在组织内部"密集关联",就是根本无关联。与外部供应商的交易要保持一定距离。相比之下,当今企业与大量的合资企业和战略联盟共同生存,有些企业之间联系较紧密,有些企业之间联系较松散。企业内外之间的界限曾经很清晰,现在却已变得模糊不清。

这些新关系中最具争议的是外包——将曾经被认为是企业核心职能的东西移交给别人。首先转移给效率更高的供应商的是企业的制造业务。有些企业极力扩大外包,自己基本上不生产什么了。例如,所有的耐克鞋都由承包商制造,该企业很少直接雇人进行生产。这样的企业现在不制造产品而是协调品牌,就像乐队的指挥,他的指挥棒对乐队乐师的控制力十分有限,但这样的企业仍然可以交付品质一流的产品。现在,甚至像宝洁这样的制造商典范也加入到了这一行列中。"我们的核心能力是开发和商品化,"宝洁的首席执行官雷富礼说,"我们从很多领域得出结论,即制造不是核心能力,因此我们决定让企业去做更多的外包。"

衰退期间,管理层应该使用多层次的方法来维持甚至提高企业的利润。他们最优先考虑的问题是在整个组织内建立统一的生产和劳工政策。如果可变成本没有随生产的下降而减少,那么管理层就未能尽职。对于解决这些矛盾十分重要的是:所有的业务部门必须采用共同标准瞄准同一个目标,并且一定要审视绩效指标以确保这些指标能够恰当衡量实现目标的程度。

在确认了不断抵御长期经济动荡企业的制造和运营主管的共同行为之后,我们建议企业采取以下十种做法:

• 快速行动起来降低成本,并通过缩小业务重点控制开支。成功者集中于少数关键的重点领域,在这些领域,他们可以建立明显的优势;他们对糟糕的生意避之不及。经济衰退中,失败者追逐无利可图的销售交易以保住自己的优势地位。

• 避免全面削减运营预算。务必保留顾客最珍视的领域。统一降低成本的企业最终往往会损害它们提供产品和服务的能力。你怎样才能发现顾客最珍视什么呢?答案是问问你的顾客。

• 考虑采用其他可供选择的方案替代裁员。裁员在短期内会提高利润和股票价格,但是从长期来看这会产生负面影响。替代性战略包括削减管理层奖金、冻结工资和减少薪资期权。企业需要把这些措施的道理及影响清楚地告知员工。

• 发现机会并对其进行投资。经济不景气会使交易很划算,无论是在新的资产方面还是新的人才方面。其他有利的投资领域是研发、营销和顾客感知质量。相比之下,投资于营运资本、制造和行政管理则不会盈利。

- 留住并培养顶尖人才。在经济衰退过程中，影响力较大的员工常常更容易被竞争对手挖走。为员工提供发展机会和轮岗机会的组织的雇员稳定率较高。

- 确保每个人都站在同一起跑线上。根据对战略执行的研究，如果关键目标没有调整到位，经营业绩就会受到影响。高层领导者应确定日程，会见关键的利益相关者以赢得支持并对总体目标和价值做出承诺。低效率的领导者会放任同事间的互相倾轧、勾心斗角，并使幕后的动机在工作中起支配作用。

- 鼓励提出问题和想法。让员工能够很放心地提出问题和建议。成功的领导者会坦白承认自己并不能解决所有问题，因此请求员工提出高见。

- 舒缓压力。在困难时期，为了减轻组织的压力，制造和运营主管经常要做出片面的、艰难的决定。这种做法也许是不对的。命令式的领导方式并非总是有效，这种方式缺乏广泛的员工支持，往往还会消除一些具有建设性的争执，而后者可能会对现状发出挑战，有利于做出更好的决策。

- 真诚沟通。能力很强的领导者承认挑战的存在。他们据此建立了一种信任。这不是软弱的标志，而是坚强的表现。

- 创造一个现实的、积极的眼光和态度。在艰难的经济形势下，不仅行业内任何非顶尖企业可能会翻船，那些市场上处于领先地位的企业也常常走向衰败，与此同时更积极向上的企业则跃到了前列。如果制造和营运主管执行规定并动员员工对顾客利益和价值做出回应，那么当衰退结束时，他们就更有可能成为行业的佼佼者。

在困难时期，制造主管可能会面临以下这些问题：
- 怎样才能通过提高生产效率降低成本？
- 衰退中怎样才能降低固定费用？
- 为了降低成本，我们哪些业务可以外包？
- 我们怎样才能降低研发成本？我们应该增加研发成本吗？
- 我们怎样才能在降低成本的前提下，让生产部门的每个人都有活干？

当然还会有更多的问题，尤其是因为大多数企业拥有大量的、资本密集型的资产基础。在获得了一大堆令人骄傲的荣誉之后，越来越多企业的生产设施正日益成为它们的累赘，降低了它们的灵活性和适应能力。早在其首席执行官问上述这些问题之前，制造和运营主管就必须准备好这些难题的答案。

采购／采办部门

经过十多年的由全球化引发的残酷竞争，企业主管们逐渐认识到，可以通过采购和供应管理实现战略利益。但与此同时，大家都很避讳承认这件事，很少有企业真正利用这些功能带来的全部或大部分好处，其中的许多企业在随后的产业和商业混乱时代，正争先恐后地不规则地降低采购成本（潜规则是"使供应商降价"）。我们关注的主要方面包括更具竞争力的供应链、改进产品开发以及尽快投放市场——此外还有从低成本国家采购带来的明显成本优势，在某些行业，这些低成本国家甚至也包括美国。但是，主管们对采购看法的演变并没有给他们带来他们所追求的结果。战略行为的缺失常常影响许多企业所做的改进工作，而其他企业则存在采购与企业总体战略不一致的问题。

经济困难时期，企业主管们会要求高层管理者为他们管辖的部门做好准备去应对前方的困难。采购和采办主管所要回答的问题可能包括：

• 我们使用什么技术可以更好地解决非高昂的采购成本问题？

• 可供降低成本的前十个项目是什么？我们希望每个项目能节省多少成本？

• 我们从供应商那里能获得多少附加价值用于降低成本？

• 我们应该考虑以新的供应商取代高成本供应商吗？

• 我们应当外包什么服务？如何做？能节省多少？

采购主管可以留意一下为他们部门制定的战略行为清单（如图表4-6所示）。

图表4-6 混沌管理系统采购/采办战略行为清单

削减／延迟	外包	增加／加速
• 与生产能力有关的资本支出项目，甚至包括高投资回报率的项目 • 新的供应商关系；相反，努力维持现有关键供应商 • 使用非核心供应商	• 对竞争优势不具决定性的设计和工程作业 • 需要新技术或新设备的生产	• 了解所有关键供应商 • 改进与关键供应商的关系 • 与关键供应商沟通 • 对供应商进行共同审核 • 供应链优化 • 激励那些发现节约成本、提高生产力以及增加收入机会的工会和供应商（以及其他利益相关者） • 跨职能部门交叉培训以提高生产灵活性 • 采购人员培训 • 内部遵守首选采购清单 • 价格套期保值合同

对于许多企业来说，采购部门的角色依旧建立在原料、部件和服务买主的狭隘的、交易性基础之上，并没有什么发展。但是某些采购和供应管理组织通过提高这一职能的档次来吸引首席执行官的眼球。采购作为成本杀手的战术潜能已经不再是什么秘密。毕竟，购买产品和服务的支出在企业成

本中占很大的比例，因此企业领导者早就知道改进采购可以直接提高企业的利润。

根据麦肯锡公司的另一份报告，高层采购人员对采购员的选拔采取更为严密的方法，即在提高他们采购技能的同时，寻求高明的办法把整个组织的员工为了共同的目标联系在一起。这些企业雄心勃勃，对未来满怀憧憬，同时十分明智地把重点落在实现目标的途径上。最后，高层采购人员特别注重其采购行动要与企业的战略目标保持一致，利用今天节省成本的机会与全球化不断加剧的契机，为获得更大的收益找准定位。这些具有开拓性的组织正为寻找更好的采购方法奠定基础，普通员工不应该忽视对这种方法的探索。

在经济困难时期，企业与其供应商之间的关系变得紧张了，为了帮助采购和采办主管提升实力，下面列出了有效采购的十种做法。这些做法是来自《采购》杂志眼中的最佳企业的一些世界顶尖采购权威们提出来的。

1. 改善与供应商的关系。避免和供应商的关系太融洽或太敌对。为了降低成本，以压低供应商成本的方式向供应商订货。与最佳供应商合作，同时考虑向当地、特定区域、国内和全球的供应商采购所需的产品和服务。对于和过多供应商合作的企业而言，找一两家大型供应商，将全部或大部分的业务交给他们做，会获得更大益处。制定年度成本削减计划，最佳供应商会理解企业的这一概念。

2. 制作一张跟踪供应商服务、质量、交货和定价的记分卡。跟踪供应商的质量、服务和价格执行情况，然后把记分结果通报给他们。要知道什么对供应商来说是重要的，同时确保他们也明白对你来说什么是重要的。如有可能，从产品设计一开始就让供应商参与。

3. 获取正确的信息。把供应商数目削减到最佳数量，处理好采购规模和供应商之间的关系。采购人员和财务人员应组成一个小组确定现行开支以及需要改进的方面。工程、制造和销售部门的人员应当参与进来，为产品和采购过程的改进出谋划策。

4. 培养掌握适当技能的采购人员。要求采购人员具有分析能力，以便详细了解所采购的产品，同时还要有具备很强谈判技巧的人员和采购主管，因为向其报告的买方当中很少有人接受过谈判训练。业务知识也十分重要，包括了解采购主管的业务目标，以及能够在组织的其他部门（如销售、营运、财务）工作，帮助它们实现自己的目标。此外，了解供应商的业务重点对于确保采购人员帮助供应商实现其目标也至关重要。

5. 使管理团队全力支持采购。高层采购主管应该向首席执行官或首席运营官汇报，而不是向企业的另一位主管汇报。高层管理者应该与采购部门直接沟通，这样他们就能明白价格上涨对企业的影响并决定是否将物价上涨转嫁给顾客。潜在的物价上涨需要通过其他领域的下降来冲抵。从全局考虑采购有助于将重点集中在企业的优先领域。

6. 执行首选的供应商名单。当做出更换供应商的艰难决定时，采购主管应该支持采购经理。首选供应商名单会有效防止供应商失控。

7. 构建集中领导、分散实施的团队。为了发挥最佳的杠杆作用，采购主管应当集中收集数据以便按地区对总开支进行评估。按地区划分的总开支一旦确定，就应当成立采购团队，为这些地区确定最佳的供应商。增加由总部采购的普通商品和补给品的数量，以便获得较高的成交量和较低的价格。为了取得更大的成功，采购团队需要与选定的供应商开展合作并听取他们的想法。

8. 制定强有力的谈判战略。实行长久有效的条款，因为尽管采购主管希望更换新的供应商，但仍会厌烦那种每天都要签协议为次年更换供应商的日子。在谈判领域的不断培训和组织开发对培育与供应商之间的双赢关系至关重要。

9. 利用技术在竞争中取得领先地位。确保使用技术自动完成过去需要人工处理的复杂任务。当你开始谈判时，捕捉正确的数据并利用它。

10. 设计一种真正有益于个人和企业的激励计划。有效的员工奖励机制对提高组织接受和应对变化的能力至关重要。一定要实行多劳多得的奖励机制。

人力资源部门

经济衰退期间，一些项目纷纷被取消，许多员工遭到解雇，企业的士气因此大受影响。首席执行官指望人力资源主管在衰退期间保证一切按部就班。在这种环境下，发挥员工的最大潜力似乎不现实，这就是大家为什么都指望着人力资源主管的原因所在。实际上，这是重新设定过程和解决问题的绝好机会，许多高层管理人员会这么做，前提是人力资源管理主管要告诉他们如何做。以下我们将介绍如何对你的员工开诚布公，如何用有创意的方式奖励他们，并邀请他们参与一些困难的决定，这些决定不仅要使组织保持活力，而且还要有助于企业走出低谷。

当人力资源管理主管在更加努力地帮助企业度过困难时期的同时，也应该参考一下为他们部门制定的战略行为清单（如图表4-7）。

图表4-7 混沌管理系统人力资源战略行为清单

削减／延迟	外包	增加／加速
• 所有员工提薪 • 办公场所扩充 • 企业全体会议 • 促销活动 • 解雇关键员工	• 薪酬管理 • 保险管理 • 薪酬规划 • 福利管理 • 会议规划 • 培训	• 整个企业进行沟通以保持高昂的士气 • 基于业绩的薪酬体系和奖金 • 生产力衡量标准和跟踪系统 • 培训员工，包括高层管理者 • 使用政府和社区培训项目 • 使用承包商培训 • 使用计算机和在线交互式培训 • 确定并留住顶尖人才 • （十分有选择的）招聘 • （在美国）使用健康储蓄账户降低卫生保健成本

以下十个有效的人力资源建议可以帮助企业在经济衰退时继续前进：

1. 继续招聘。在大多数情况下，经济衰退是短暂的，所以要看到长期增长的大局。在经济增长缓慢期间，为新聘人员花费培训时间比较容易。更记住，如果在衰退时解雇员工，经济情况好转之后，很可能不得不重新雇用，从长远来看重新雇用可能花费更多。

2. 不要录用庸才。在艰难时期，不要降低招聘标准，相反，应该提高招聘标准。此时将有大量的人才可供选择，所以你的企业不要接收任何一个低能儿。

3. 明智地分配资源。取消没有价值的会议，缩短会议时间。只召开有明确盈利目的的销售会议或其他会议，并制定具体的业绩要求。但是，当其他企业减少会议时，可以考虑增加一些对顾客或经销商具有重要影响力的会议。

4. 继续谈话。将艰难时期的情况诚实地告知员工，让他们了解真实的财务状况。当员工了解真相时，他们往往愿意接受削减和改变。与员工明确、坦率地交谈有助于减少工作场所四处传播的流言。

5. 不要只依赖于来自首席执行官的信息。首席执行官在电子邮件中对企业出现赤字的解释可能并不能给员工传达足够的信息。这就意味着中层管理者需要进一步诠释。让你的经理们和员工开展小组对话，将企业的处境尽可能坦率地告诉他们。

6. 要看到希望。只要有机会就给员工积极的反馈。在员工出色完成工作时，可以考虑给予非现金奖励。要求员工尽职尽责是天经地义的，但如果他们没有充分发挥潜能，采用鼓励双方投入的适当的绩效评估方法将十分有益。此外，没必要对企业现状进行粉饰，让企业挺过衰退不是一件容易的事，但强调这一挑战可能有好处，因为这是让员工认识到他们能在为企业发现机会的过程中发挥更大作用的绝好时机。

7. 继续培训员工。在衰退期间，人们需要新的和更先进的技能和知识，培训还能给企业带来积极向上的士气。

8. 争取让团队解决问题。传统上，高层主管制定策略，然后由下属执行。这种方法的弊端是它缺乏调动员工奔向共同目标的情感色彩。而这恰恰是与解决问题和规定相关的，员工可以在这个点上介入。企业应该利用员工的努力来确定降低成本的领域和途径。员工的专业知识不仅能为企业的成功添砖加瓦，而且也使管理层能够更加真实地认清哪些途径是行不通的，找到部门中有影响力的关键员工，让他们接受并宣传变革。这些人了解实情后，才会想出办法召集合适的人员来解决问题。

9. 坚持到底。很多成本节约计划都以失败告终，原因是管理层推行措施时半途而废或在实现短期目标之后，在不知不觉中又出现了低效率。因此企业最好要么彻底变革，要么干脆不变革。

10. 调动优秀员工的积极性。在理想的世界里，衰退有一个好处——招聘高素质的员工变得更加容易。随着劳动力市场上应聘者的增多，如果你的企业有财力继续雇用新员工的话，那么寻找新人才的时机来了。但是经理们也不应该忘记在岗的优秀员工。当经济形势糟糕时，企业很容易认为员工有工作做就会感激涕零。但恰恰相反，裁员和预算削减可能会促使优秀的员工去寻找更好的机会。因此，企业应为优秀员工的事业发展留出空间，给他们一个留下来的理由。

企业的高层主管必须更加认真地考虑自己在培养组织当代和下一代高层领导者的发展中的作用，即在关键职能领域甚至更大范围内为高层主管培养潜在的接班人。在工作议程太满时，人才发展往往是最容易被人忽视或推迟讨论的主题，当然谁也不会质疑它的重要性：即每个业务职能部门必须由掌握专业技能的合适的人来领导。人力资源管理主管需要在这方面逐步提升，缩短人才差距并在日益动荡的环境中帮助其企业迎接挑战。

结论

《混沌时代的管理和营销》一书的目的是为商界领袖提供一份明确的指南，用于创建反应敏感的、稳健的和具有适应力的组织。这类组织能够对不断变化的环境做出快速反应。它们能够承受巨大压力而自身毫无损伤。它们能够应对环境中出现的不可预测的变化，并能在艰难时期结束、形势发生改观时迅速恢复发展。这些企业不但在新环境下会取得成功，在任何环境下都会取得成功。

通过在各部门大胆实施混沌管理系统战略行为的防御性保护措施，企业主管将向前迈进，确保企业将来不受越来越难以预测的环境的伤害。此外，这些战略行为的实施将启动长期、稳定的新文化构建进程。在这样的进程中，所有的企业更加适应环境，在不确定的环境中更加具有成功的把握，从而保护自身免遭环境的威胁，并且利用可能出现的新机会。最后，这类组织将拥有创建文化的集体知识和技能，文化的基础也将深嵌于他们心中以实现未来企业的长期可持续发展。

第五章　策划具有适应力的营销系统

> 唯有疯狂到自认可以改变世界的人，才真的改变了世界。
> ——苹果公司创始人之一，董事长兼首席执行官
> 史蒂夫·乔布斯

变化速度不断加快、复杂程度不断增加、风险和不确定性逐步升级已成为动荡时期新的营销现实。为了保护自己免遭动荡和混乱带来的足以摧毁企业的外部冲击，企业必须提高其各个方面的适应能力，尤其在营销和销售方面。

适应性是营销人员及其组织中的每个人必须培养的能力。营销人员要想强有力地从事市场活动，打破混乱，与消费者建立联系，他们必须具备适应能力。营销者的适应性思维会将焦虑变为行动，将困难变为决断。

优秀的营销人员不仅要具备摆脱危机的能力，还需要培养应对意外事件的内功。在混乱时期，他们不断地重塑经营模式和营销战略，因此他们能够快速地适应市场环境的变化。

今天，企业采用的典型营销体系是从多年的反复试验中不断摸索出来的。企业利用市场调研、定价、推销人员、广告、促销、贸易展览和其他营销工具制定了政策、战略和战术。由于这些做法给人以安全感和可预见感，所以很可能会

被继续使用下去。它们在过去是有效的，人们想当然地认为将来依然会奏效。

但是，有一个问题，那就是世界在不断变化。较过去半个世纪而言，如今日益频繁的动荡和混乱正以更快、更剧烈的方式改变着这个世界——今天，顾客的利益、预算和价值都在经历着变化；分销渠道采取了新的形式，同时出现了新的沟通渠道；新的竞争者出现了；政府实施了新的法规——动荡始终存在。

这些发展变化将企业置于战略拐点：要么继续实施同样的战略，要么考虑采用新战略。显然企业必须重新审视和调整其营销政策和具体的营销方式。否则，新环境就会对企业进行惩罚，甚至导致企业破产。

管理者的首要任务是要认识营销环境所发生的关键变化，这些变化要求管理者和营销人员采取全新的思维方式。目前的营销环境已发生以下四大关键变化：

1. 顾客的消息比过去更灵通了。他们通过在互联网上搜索以及与自身社交网络中的其他人联系，可以了解任何有关产品、服务或相关的情况。

2. 当知名商店的品牌定价低于广为宣传的全国性品牌定价时，客户越来越愿意购买并信任知名商店的品牌。

3. 竞争者能够迅速地效仿任何新产品或服务，从而降低创新者的投资回报率。今天创新优势的寿命更短暂。

4. 互联网和社交网络创造了全新的媒体和信息来源以及向顾客直接销售的新手段。

这些变化要求管理者和营销人员采取全新的思维方式。明智的企业会不断地变换思维方式。

营销人员思维方式的主要转变

• 从销售人员考虑顾客转向企业中的每个人考虑顾客。

• 从向每个人推销转向努力成为服务特定目标市场的最佳企业。

• 从按产品确定组织架构转向按顾客群确定组织架构。

• 从企业内部生产所有产品转向更多地使用外包服务。

• 从使用许多供应商转向与少数几家更具合作导向型的供应商进行合作。

• 从强调有形资产转向强调无形营销资产（企业的品牌、客户资产、渠道忠诚度以及知识产权）。

• 从通过广告建立品牌转向通过整合营销传播，建立客户满意的品牌。

• 从每笔销售中赚取利润转向建立长期顾客价值。

- 从争取更多的市场份额转向争取每位顾客消费总量中的更多份额。
- 从本土化转向"全球本土化"（既有全球化又有本土化）。
- 从重视财务业绩转向同时重视财务业绩和营销业绩。
- 从重视股东收益转向重视收益相关者的利益。

我们并不是说每家企业都必须改变其营销思维方式。上面这份清单的目的是鼓励企业对自己目前的营销政策和观念提出质疑。但愿你会做出某些能够改进营销业绩的重要抉择。

重新反思企业营销的另一个刺激因素，是审视通常情况下能够区分差、良好、优秀营销企业的特征。

图表 5-1　差、良好、优秀营销特征

差	良好	优秀
产品驱动	市场驱动	推动市场
以大众化市场为导向	以细分市场为导向	功能导向
提供产品	提供附加产品	提供顾客解决方案
大路货	中上等货	经典货
一般服务质量	中上等服务质量	经典服务质量
以功能为导向	以过程为导向	以结果为导向
跟随竞争者	为竞争者确定基准	超越竞争者
供应商开发	供应商偏好	供应商合作伙伴

续

差	良好	优秀
经销商开发	经销商支持	经销商合作伙伴
价格驱动	质量驱动	价值驱动
平均速度	高于平均速度	高速度
等级制	网络	团队合作
纵向一体化	扁平化	战略联盟
股东驱动	利益相关者驱动	社会驱动

资料来源：菲利普·科特勒《营销管理》第13版，第660页。

面对危机的一般营销反应

无论企业在常态时期的营销态势如何，在动荡时期都将发生改变，尤其是在经济出现螺旋式下降或衰退之际。这是因为在应对衰退时，你的顾客将改变他们的行为及价值观。

首先，考虑一下消费者。在经济不景气甚至有可能失业的情况下，他们将削减开支。消费者有以下三种可能的行为：

• 消费者转而购买低价格的产品和品牌。他们将购买商店品牌商品甚至是通用品牌产品，而非全国性品牌产品。这种变化将使全国和国际高档品牌产品受到重创，尤其是缺乏竞争力的高价格品牌。

- 消费者减少或推迟汽车、家具、大型家用电器和昂贵的度假等奢侈品或服务的购买。那些制造或出售奢侈产品和服务的企业将被迫削减预算、降低库存、并有可能解雇工人。供应商和员工的购买力将会降低从而减少购买行为。

- 消费者削减驾车成本，开始更多地在离工作单位或家庭附近的供应商处购买商品。他们更多地在家用餐，依赖电视和互联网等家庭娱乐。

企业也将采取措施降低成本以节省资金。他们将采取如下步骤：

- 降低产量，减少从供应商那里订购货物。面对不断下降的需求，企业不愿增加库存，也不愿为清理库存而降价。

- 降低资本投资速度。这一决策将损害对钢铁、水泥、机械、软件以及许多其他投入的需求。

- 大幅度削减营销预算。

- 推迟新产品开发，暂时搁置新的重大项目。

企业对突发性动荡和衰退最糟糕的反应之一是全面削减成本，例如，每个部门必须削减10%的成本。想象一下一家受到高度好评的服务企业不得不削减其10%的服务预算（最好是精简机构，而不是降低服务！）之后会是什么样子。想象一下当公司需要做更多广告的时候，如果将广告费用削减

10%，后果将会是怎样？

某些首席执行官要求下属的每家分公司和子公司削减一定百分比的支出，但削减的内容由公司经理自行决定。由于每家分公司和子公司面临不同的威胁和机会，所以这是明智的做法。

在营销领域，建议负责人在衰退开始时考虑下列可行的措施，这些措施完全是传统的双方案战略规划指南（一种用于繁荣市场，另一种用于衰退市场）之外的：

- 放弃正在亏损的细分市场顾客群
- 放弃细分市场内部正在亏损的顾客
- 放弃正在亏损的地理区域
- 放弃正在亏损的产品
- 降低价格或推广成本较低的品牌
- 减少或停止无效的广告或促销活动

看看在将营销成本由占销售收入的25%降至20%时，宝洁是如何继续保持在低收入市场的竞争力的。该公司：

- 将世界各地更多的产品配方、包装和广告实行标准化
- 减少产品规格和味道的种类
- 放弃或出售某些较弱的品牌
- 挖掘开发较少但更有前途的品牌

- 减少贸易和消费者促销活动
- 降低广告增长率

宝洁公司的例子表明，在日益恶化的市场形势下，每家企业都应认真寻找降低营销成本的方法。以下是问题清单：

- 企业能够通过谈判降低纸张、摄影和其他生产投入的成本或转换低成本的供应商吗？
- 企业能够改用低成本的运输承运人吗？
- 企业能够关闭没有多大用处的销售办事处吗？（现场销售人员可以在家工作而不用在办公室办公）
- 企业能够将广告代理的报酬按业绩计算而非不管业绩如何发放标准佣金吗？
- 企业能够用较低成本的沟通渠道替代较高成本的沟通渠道吗？（例如用便宜的电子邮件代替直接邮寄）
- 企业能够将黄金时段广告的资金转移到能产生更大影响的公共关系领域或新的数字媒体上吗？
- 企业能够减少一些顾客不太在意的产品功能或服务吗？
- 企业能够在费用较低的场所举行营销人员会议或顾客会议吗？

混乱的经济状态迫使所有的营销管理人员重新评估其开支计划。解决以下五个棘手的问题将帮助领导者确定如何更好地减少或重新分配他们的预算。

1. 你有投资增长的详细清单吗？你能确定浪费（或低效）的支出吗？定期清查投资项目，每次你都会发现高达15%的开支浪费现象，同时无论如何缩减预算，总会有一些项目需要保留下来，因为事实已经证明它们是具备盈利能力的。这时，一份详细的清单可以显示出哪些投资是明显的浪费，哪些投资的对象是无愧的生产者，同时也能为高效实用的开支创造机会。

2. 你的投资改变顾客的购买行为了吗？若市场份额和收入目标过于笼统，那么就不能准确反映出效果。更重要的是要了解你想在特定的顾客群中采取什么具体行为。对某个顾客群，可以采用一年一次和一年两次的一揽子服务升级；对另一些顾客群，可以在他们每次订货时鼓励其多购买50%的货物。确定拉动增长的行为之后，你可以通过观察推动这些行为的能力来判断你的营销投资。

3. 你的投资着眼于消除阻碍顾客购买企业品牌的因素了吗？努力了解阻碍购买的因素，然后选择能够克服这些障碍的营销工具和广告语。例如，一家占有很大市场份额的企业大量投资于大众广告以建立知名度。如果通过用成本除以潜在顾客的人数进行分析，这种方式是有效的。但是若该品牌已经很知名，更明智的做法则是将资金投在具体的交易上，这一转变实际上可以明显提高增长率。相反，市场份额较低的企业首先需要将知晓度提高到较高的水平，因此这些企业投资大众广告的效果是最好的。

4. 投资中的营销杠杆组合正确吗？所有的营销投资至少应完成以下三项任务之一：(1) 改变顾客的观念，鼓励他们购买更多的产品；(2) 对购买更多产品的顾客提供临时的货币奖励；(3) 拉近品牌和顾客的距离，使顾客可以购买更多的产品。过于偏重任何一个杠杆都会伤害其他杠杆。所以必须转变思维，权衡恰当的投资组合并创造利润的增长。

5. 你有维持"赢家"，削减"输家"的制度吗？当评估投资输赢时，考虑这些决策长期和短期的潜在影响至关重要。评价输赢的四个因素是：(1) 效力和效率；(2) 维护与增长；(3) 已证实的与试验性的；(4) 直接和间接影响。

了解在经济衰退时期应当部署哪些营销决策具有很大的挑战性。然而，这种时期还提供了新的机会。无论经济情况如何，用上述五个关键问题评估和调整营销活动将获得更大的效力、效率和回报。

应对危机的战略性营销措施

要牢记一点，即你的顾客在动荡时期有可能会改变，因此你也必须随之改变。如果你知道顾客的动向，就必须随时准备调整自己的产品和服务。仅仅削减成本是不够的，还必须调整产品线和服务包。

面对食品成本飞涨及燃料成本上升时消费者减少驾车的事实，我们来考虑一下餐馆应该进行什么样的调整。顾客正在勒紧裤带时，很自然会转向更便宜的餐馆或在同一家餐馆点些更便宜的菜肴。消费者首先要做的事情之一是减少开胃菜和甜品的消费。在这种情况下，餐馆要想既削减开支，又留住顾客并且赚钱，该怎么办呢？他们通常在四个对策中选择一个或多个：

• 缩减份量。美国人习惯于份量很大的菜肴。现在可以缩减份量并降低成本。星期五连锁餐厅就选择在2008年衰退期间提供小份量的菜肴。

• 降低价格。餐馆可以降低一种或多种菜肴的价格。澳拜客连锁餐厅做广告说一顿牛排餐价格不到10美元，包括一份6盎司的沙朗牛排及沙拉，烤土豆和面包，共9.99美元。美国猫头鹰连锁餐厅也将其生啤价格降到了1美元。

• 价格不变，但增加点东西。美国的友好连锁餐厅每道主菜的收费仍然是9.99美元，但现在增加了2勺本店特色的冰淇淋圣代。丹尼连锁餐馆从每天早晨5点到下午4点，提供包括2个鸡蛋、2个煎饼、2条腊肉条和2个香肠串的"方便套餐",共计4美元。

• 降低食物和配料的质量。用牛腩排代替沙朗牛排或用低质量的鸡肉代替高质量的鸡肉,或烹饪时使用较少的奶油甚至使用人造奶油。当然,这样做可能会有风险,顾客也许会感到失望,再也不会回来消费。

显然,为了迎合更多预算有限的顾客,每家企业都拥有一份替代选择清单,并仔细考虑采取的每个措施可能带来的影响。顾客都有一定的期望和经验,因此企业必须确定最佳的战略组合,以保证顾客的数量。企业选择的方式必须能够保持其价值主张和吸引力,并同时降低成本。

企业选择战略组合时必须考虑到其竞争对手当前的(或将来可能的)行为。假设竞争对手一直在降价,那么企业将别无选择,只能降价或增加某些优势。假设竞争对手没有降价,且你明知某些竞争对手会被迫降价进行报复,这时你的企业是保持观望还是率先降价?

企业应对可能由动荡创造的机会抱有积极态度。一些企业将危机看作是机会。一位出色的银行家曾经说过,他的银行在常态时期无力增加市场份额,但是当危机袭来时,一些竞争对手的实力被削弱了,此时如果他有资金并愿意承担一些风险就可以廉价地收购竞争对手,或者更轻而易举地赢得更多市场份额。

在可预见的将来，随着经营环境中持续出现动荡，营销人员将面临许多新的挑战。在以往的经济波动及全面衰退时期，有经验的营销人员学会了如何使企业继续向前发展。一旦度过了衰退期，营销人员会重新实施"以经济好转为导向"的营销计划，并且确信一旦安全度过衰退期，在下一次衰退到来之前至少有六至七年的好光景。现在这种日子一去不复返了。

动荡时代的营销计划必须快速提升，同时要具备适应性。营销人员最大的挑战之一是避免成本削减，至少维持衰退前的成本预算，能够有所增加则最好。因此，营销人员争取增加营销开支的压力可能是前所未有的。

营销人员应该意识到，有两个原因会加大通货紧缩的可能性。首先，按照以前的经验，每当面临困难时，广告费用会首先列入被削减的项目中，所以没有必要就广告时间和版面签订长期合同。在营销组合中把通货紧缩考虑进来，媒体/广告费率可能会下降很多。其次，必须调整营销策略以吸引日趋多变的顾客，因为当预知下个月的价格可能降低的时候，这些顾客当月就不会急于购买你的产品（或任何其他人的产品）。

动荡无处不在，它们不会很快消失。实际上，当动荡来临、混沌盛行时，营销人员必须采用新的思维方式，即随时准备对营销方案做出本能的反应。为此，营销人员在制定混沌管理系统营销战略时，必须记住以下八个因素：

1. 确保核心顾客群的市场份额。企业在这个时候不能贪婪，因此首要任务是确保核心顾客群，随时准备击退竞争对手出于抢走你最赚钱和最忠实顾客的目的而发起的攻击。

2. 从竞争者手里积极争取市场份额，以扩大你的核心顾客群。所有企业都要争夺更多的市场份额，然而在动荡和混沌时代，许多企业的力量都被削弱了。削减营销预算和推销人员的旅行费用是竞争者在压力下屈服的一个可靠信号。在削弱你的弱势竞争对手的情况下，积极争取扩大你的核心顾客群。

3. 由于顾客的需求和欲望在不断变化，所以要加强对顾客的研究。在动荡和混沌时期，每个人都承受着压力。这意味着所有的顾客，甚至那些你自认非常熟悉的核心顾客群的习惯也在改变。要与他们保持密切接触，而且要比以前任何时候都要深入地研究他们。不能再依赖陈旧的、已经无法引起共鸣的"经过实践检验的"营销信息。

4. 努力增加或者至少维持营销预算的现有水平。随着市场受到动荡的冲击以及竞争对手的积极推销，企业营销遭受双重打击，这时哪怕就是一个削减核心顾客群营销预算的念头都是极其糟糕的。实际上，你需要增加这项预算，或者抽走你准备用于开发全新顾客群的资金。保卫大后方安全的时刻真的到来了。

5. 专注于一切安全的方面并强调核心价值。在动荡使市场上每个人都惊慌失措的时候，大部分消费者都在寻找安全的避风港，这正是他们希望在企业及其产品和服务上感受到安全和保障的时候。因此要尽一切可能与顾客沟通，让顾客觉得与你做生意是安全的，并竭尽全力向顾客出售让他们继续感到放心的产品和服务。

6. 尽快放弃无效的计划。无论是在顺境还是在逆境中，你都要仔细审查营销预算。在引起别人注意之前，取消任何无效的计划。如果你不关注开支，后果可能会很严重，毫无疑问，在你忽略时其他人一直在关注，其中包括那些预算可能被大幅削减的所有同行。

7. 最好的品牌不打折。大家告诫你不要对你的老品牌和最成功的品牌打折是有道理的。当你对这些品牌打折时，你会向市场传达两个信息：一是打折之前你的价格太高，二是即使将来折扣取消了，这些品牌也不值这个价格了。如果你想迎合更多节俭顾客的需求和欲望，干脆开发一种新的、单独的和独特的产品或服务，使用低价格的新品牌。这使注重价值的顾客能够贴近你，同时不疏远那些仍然愿意支付高价格品牌的顾客。一旦动荡消失，天空放晴，你可以考虑不再生产你新推出的有品牌价值的产品线，也可以选择继续生产。请记住一点，最好由你自己来蚕食自己的产品，而不是由你的竞争对手去扼杀它。因为如果顾客群得到很好的维持，你至少还能追加一些功能再销售给他们。

8. 保住强项，摒弃弱项。在动荡的市场上，你必须使你最强劲的品牌和产品更强大。不要把时间或资金浪费在没有强劲价值主张或坚实顾客基础的那些收益不大的品牌或过于脆弱的产品上。要将安全和价值需求结合起来，以巩固已经强大的品牌并提供强大的服务或产品。请记住，在抵御动荡经济的巨浪之时，你的品牌永远都不够强大。

当营销主管们看到经济或行业即将进入艰难时期，而且这一新的环境每次都要历时数月甚至数年时，他们可以留心一份专为营销行为而开发的简明战略行为清单，这份清单将指导他们采取必要的行动：削减／延迟，外包，增加／加速（如图表5-2所示）。

图表5-2 混沌管理系统的营销战略行为清单

削减/延迟	外包	增加/加速
• 无效的营销计划 • 无效的广告计划 • 疲弱的产品和服务 • 非核心产品和服务的推广，除非很有创新性 • 对核心品牌实行折扣的计划 • 非核心广告和促销活动	• 营销支持服务 • 促销支持服务	• 总体营销预算 • 市场调研预算 • 价格调研预算 • 广告预算 • 促销预算 • 着眼于核心顾客群 • 增加核心顾客群市场份额 • 为注重价值的顾客开发新的、单独的品牌产品和服务 • 价值和价格主张要一致 • 顾客忠诚计划 • 高度创新的产品和服务的推广 • 关键客户的定制营销沟通 • 分销合作伙伴渠道营销沟通 • 利益相关者营销沟通

营销部门面临的运营问题

营销部门通常是由一名营销总监、一名营销副总裁，或首席营销官担任领导。当因经济衰退而被要求削减营销预算时，这些管理者可能会争辩说他们需要维持现有的预算额度才能使销售顺利展开，因为如果削减预算，销售额就会快速下降。但他们的任务是要说服首席执行官和首席财务官，他们拟定的营销支出对于维持销售或者减缓衰退是很有必要的。

但在这场争斗中，他们很可能会一败涂地。

这就要求他们考虑哪些项目可以从各种营销活动中削减而又不会影响现有的营销局面。

营销调研

很显然，营销管理者需要开展市场调研以便了解顾客的变化。否则，他们将完全依赖自己的直觉和（或）销售人员的意见与经验。尽管如此，他们可能会取消一些在常态时期可能取得有益成果的营销调研计划。他们可能会取消花费数月才能完成并形成报告的大型消费者态度调查。因为时间紧迫，调研费用高昂，而且与常态时期相比，动荡时期的调研成果也可能缺乏相关性。

产品

现在是该重新审查整条产品线了。理想状态下，我们希望每条产品线都包括今天的热销产品、昨天忠实的候补产品以及一些老产品。在常态时期，销售较慢的产品是可以容忍的，但问题是现在处于非常态时期。企业最终可能会被迫做出将某些产品从产品线中摒弃的艰难抉择，原因是这些产品创造利润的可能性不大。

许多畅销产品不仅功能齐全，甚至还能够提供超出顾客需要的更多功能。计算机、照相机和其他设备都是如此。企业对能提供最新的技术感到自豪。但现在可能是生产价格较低、功能单一的简易型产品的最佳时机：只进行文字处理的计算机，或者只能拍照的照相机（没有变焦、没有可调光圈等等），这些产品将吸引想要购买低价简易型产品的买主。

新产品推广

每家企业都知道要在创新和停滞之间进行选择。如果你不创新，你就会停滞。这就是在常态时期准备推出新产品阵容的原因所在。但现在是非常态时期，某些新产品不得不暂时搁置起来。这个时期，世界可能不需要多余的产品规格或口味，但是可能会需要新的、有前途的产品构思。一些企业能满足顾客对低价格或高价值产品的需求，那么这些新产品就可以进行推广，因为它们可以解决顾客正在面临的问题。

服务

针对不同档次的购买活动，企业通常会提供一系列服务。作为采购计划的一部分，一家医院从通用电气公司购买一台核磁共振机的同时将获得安装、培训、保养、维修以及升级服务。大学会向学生提供住宿方案、餐食服务方案、健康计划以及学习和娱乐设施。

但是，企业必须区分购买产品时必须提供的服务和可有可无的服务。后者可以不和产品购买捆绑提供，但是可以供消费者单独购买。企业可以靠某些可有可无的服务赚钱，但可能在其他服务上亏本，因此应该对不同服务的盈利能力和必要性进行评估。节约成本的一个潜在领域是：对买方而言得不偿失的、不必要的服务。

广告

如果企业在黄金时段广告上的花费太大，那么这些费用就必须削减或取消，这是节约大量资金的最简单的方法。营销负责人通常无法提供关于广告效度的确凿证据，但如果企业广告在衰退期间不能传递与顾客境况有关的信息，就必须取消这些广告。例如可口可乐公司如果无法提供新的与顾客相关的信息，其广告就失去了意义。

营销负责人必须重新考虑企业在报纸、杂志、广播和广告牌等其他媒体上的开支。营销负责人和广告公司客户经理必须重新审视企业品牌在不同市场的相对实力。与竞争对手相比，企业的品牌总会在一些城市和地区显得比较疲弱。应该削减疲弱市场上报纸和广播电台广告费的支出，还是最好将资金用于捍卫和扩大企业在坚挺市场上的份额，这些都是十分艰难的抉择，因为疲弱市场上的推销人员很难接受这一现实。

　　企业真正需要做的是将一些资金投放到成本通常较低的新型数字媒体上。例如，如果企业过去一直邮寄纸质报价和目录，现在可能会采用电子邮件等形式发送这些信息。企业还可能会发现采用网络研讨会的形式给顾客解释衰退期间如何省钱十分有益。另外，明智的企业会帮助顾客顺利度过艰难的服务形式转换期。他们可以编制并分发一个或多个长度为15分钟的播客，顾客可以下载以方便购买和操作产品。企业也可以开设一个或多个博客，向顾客提供有用的信息，甚至考虑使用Facebook等社会网站给特定顾客传送有关信息。

定价

　　毫无疑问，企业将面临强大的降价压力，尤其是当竞争对手正在采用这一方法时更是如此。对企业而言，不降价但提供代为支付运费或延长产品保质期等额外的利益是最佳选择，但是这些方法可能行不通。有两种降价的可能性：一种方法是以低价提供企业产品的简易版本。例如，通常打印机带有一年免费维修服务。现在企业可以低价出售，但只提供30天免费维修服务。另一种方法是对产品实行减价、折扣或回扣。我们知道，百货商店通过提供一次比一次大的系列折扣来清理库存商品。汽车公司通过宣布减价或发放回扣推销汽车。虽然降价通常是有效的，但问题是降价会损害品牌形象。如果一家企业的产品降价幅度达到30%或30%以上，消费者就会认为原价不可信，原价无法真实反映该品牌的实际质量。

利润

要解决动荡市场上销售量和利润率之间的平衡问题，就需要借助经验丰富的营销人员的力量。当你争取更大的市场份额时，以下三条重要建议有助于利润的实现：

• 定价和价值主张的调整必须与不断变化的客户需求保持一致。动荡总是会引发客户需求、欲望以及价值主张的改变，在他们对自己的处境没有把握时，这些价值主张就会对他们很有吸引力，即使是老牌供应商也是如此。在极度动荡时期，顾客偏好的变化会更快。在此类困境中，最好的企业都会时刻把握顾客经济状况变化的脉搏。当发现顾客的偏好发生改变，新的购买模式正在出现时，企业就会快速做出反应，重新调整定价和价值主张以适应这些变化。

• 经常关注价格结构的意外变化。当艰难时刻来临时，许多客户以及竞争对手的绝望也随之而来。这种绝望增大到一定程度就会表现为价格政策或定价偏好的突然改变，典型的结果是价格下降和开始打折，这将创建一个理想的环境，让不知情的供应商利润缩水。企业必须更加注意监测那些导致收入下降的定价政策（如数量折扣、回扣和现金折扣）以及那些引发服务成本上升的政策（如航运和运输，技术或客户支持）。企业必须比以前更频繁地逐个审视客户的利润率，以确保从每个潜在客户身上都获取可观的利润。如果不加以特别的关注并采取快速行动，在销售和订单履行周期的任何阶段，动荡时期利润率会迅速下滑。

• 不断更新价格敏感数据。每当原材料、农产品或能源价格出现大幅度上涨时，几乎所有下游产品和服务的定价都会受到直接影响。这种戏剧性的价格上涨使客户和消费者对价格更加敏感。要保证动荡时期定价准确，必须投入更多时间和精力不断进行价格的敏感性研究，并在市场上进行价格测试，利用已构建的快速反应远景方案使定价迅速回到正轨上来，以反映市场的最新变化。

分销

许多企业通过中间商进行运营，这些中间商持有商品库存并销售给顾客。这些中间商包括批发商、经纪人、经销商、零售商以及制造商的代理等等。企业认真挑选这些中间商并审查他们的业绩。通常情况下，有些中间商做得非常好，另外还有一些中间商勉强能弥补使用他们的成本。在常态时期，企业通常要终止与业绩较差的中间商的合作，但是经济萧条时期企业应该避免这种做法，以防止销售额出现更大幅度的下滑。

企业应全力以赴帮助和鼓励这些第三方推销自己的产品。推销人员应当向中间商表明销售企业的产品是有利可图的，甚至给他们更多的货架空间。例如，营销部门可以提供更多的陈列品、促销资料和激励措施，销售代表可以藉此激发第三方代理更大的促销热情。

销售部门面临的运营问题

当经济形势动荡不定时，企业很难"照常"经营。面对更为严峻的经济形势威胁，新的潜在顾客几乎消失得无影无踪，现有顾客也在压缩未来几个月的预算，大部分"最容易采摘的果实"已经被采摘、包装和食用。经济情况业已发生变化，你的销售组织又将何去何从？

销售人员，或许还有高级管理人员面对动荡的本能反应就是惊慌失措。由于面临经营风险，企业正在极力裁员并削减开支。与此同时，高层管理人员正在想方设法增加收入。这意味着为了扩大销售，整个企业都在向销售团队施加压力。

在销售主管灰心丧气之前，他们必须在艰难时期开始寻找潜在的机会，并将这些新发现的机会告诉他们的销售团队。

第一，找出销售团队的优势和劣势，加强整个销售业务活动，随着时局好转，其竞争力会得到加强。

第二，在严峻的经济形势下，销售主管有机会做些早就应该做的事情，包括放弃收效甚微的促销活动或者解雇业绩不佳的销售人员，其前提是这些销售人员在经济情况好转的时候业绩一直没有什么起色。

第三，经济衰退确确实实创造了新的销售机会，因为所发生的变化太巨大了。顾客正在寻找符合困难时期更新的、更适合的价值主张，这并不总是意味着价格折扣。他们需要的是少花钱、多办事。销售人员必须帮助他们做到这一点。营销和销售部门必须加强相互沟通以确定顾客需要的新的价值主张。

对销售团队施加越来越大的压力未必能带来收入的增加。销售经理们可以帮助他们的销售队伍进行一些短期交易，但是如果顾客感到自己的购买行为被施加了压力，就不会有很好的反应。以下是提供给销售经理的六个关键步骤，以帮助他们的销售团队度过艰难的经济时期并提高其所急需的销售额：

1. 要具有人情味。在经济萧条时期恢复基本的销售策略，即销售人员必须更接近他们的顾客，这里是指面对面会见顾客。削减旅行开支的确十分诱人，但是在经济困难时期，通过电子邮件或电话销售不会取得太大的成功。

2. 建立团队合作精神。为了保持士气，要保证沟通渠道畅通。销售主管必须了解其团队正在做什么，这样才能刺激他们和销售经理及销售人员开展双向交流。高层销售主管们需要了解他们的下属，下属也需要了解他们。高层销售主管应亲自与下属交流，倾听他们的问题，把问题转变为机会以激励他们。

3. 做任何交易都不要屈服于压力。为了维持经营和赚取蝇头小利而打折，带来的问题是当好景重现时，很难再把价格恢复到原有水平。更重要的是，你给销售人员发出了错误的信号，让他们感到困惑。一旦销售主管打开了折扣的闸门，允许其销售团队采用折扣的营销策略，日后销售团队就很难再关上这道闸门。

4. 寻找激励销售团队的新途径。保持销售团队的士气需要不断的努力。与销售团队进行短短20分钟的谈话来鼓舞他们的士气，会在改进销售业绩和团队士气方面取得意想不到的效果。此外，也可以开展各种激励性竞赛，有些竞赛允许销售人员以个人名义参加，另外一些竞赛要求他们以团队名义参与。

5. 保持高期望值，但并不是高不可及。销售主管必须防止将目标定得过低或过高。为了避免强求销售团队做些不可能实现的事情,销售主管可能会因过度降低期望值而使销售人员失去动力。

6. 维持销售团队的底薪。当经济形势严峻时,不要改变销售人员的底薪,仍应保持原来的水平。对销售经理及其团队的目标、目的和定额规定也要合理。要根据市场条件,在更加充分了解顾客群和单个客户具体情况的基础上,确定这些目标和定额。

销售人员的开支往往是企业最大的成本之一,尤其是在从事 B2B 交易的企业中,产品是以成套设备出售的,如重型设备。企业通常在报酬计划中规定浮动工资要素,如佣金、奖励和奖金,在某些情况下销售人员开支会占收入总额的 50%–70%。由于销售人员承担了一些风险,这样可以保护企业免遭衰退市场的打击。但是如果企业销售人员的大部分薪酬固定不变,裁员就成了十分迫切的事情。在销售队伍中,最佳推销员的业绩和最差推销员的业绩可能反差极大。在常态和繁荣时期,最差推销员勉强留下来,因为虽然他们的销售额低于正常水平,但仍然使净利润增加了。但是在动荡时期,由于大部分薪酬对企业来说是一项固定费用,进行裁员的理由将会变得更加充分。

企业必须考虑有关销售人员的作用和其销售目标的大量问题。这里有一些在经济下滑时期为了提高盈利和效率而重新规划销售队伍时会出现的问题：

• 应该关闭某些销售办事处或当前及以后收益不大的国内外销售区域吗？

• 应该让销售经理管理比正常情况下更多的推销员吗？这是一种分摊销售管理成本的方法，但愿这种方法不会降低销售管理和控制的质量。

• 应该保持与经济下滑前相同水平的销售目标吗？或是降低目标以认可经济衰退，让销售人员相信销售目标和按业绩奖励是合理的？

• 应该减少培训项目以达到省钱的目的，或是增加培训项目给推销员带来新思路和方法以便说服那些不太情愿的顾客购买吗？

当销售主管们被问到如何提高销售额这个问题时，他们可以参考专门为其部门制定的战略行为清单。图表5－3概括了可以采取的必要行动。

图表 5-3　混沌管理系统的销售战略行为清单

削减 / 延迟	外包	增加/加速
• 人员增加 • 与销售没有直接关系的贸易展览和其他活动 • 固定薪酬	• 面向非核心客户和小客户的销售 • 潜在顾客来源开发 • 面向非核心客户的服务 • 服务/维修呼叫 • 保修支持 • 非核心业务开发活动	• 了解关键分销渠道合作伙伴并与他们达成一致 • 新渠道开发 • 竞争情报 • 顾客忠诚度推进活动 • 与销往同一市场的企业达成战略联盟 • 交叉销售，升级产品销售 • 销售预测的准确性 • 顾客接触（会议、沟通） • 销售团队接触与沟通 • 推销技巧，谈判技巧，产品软技能培训

结论

我们已经证实，企业在动荡时期的营销努力，要有战略和战术上的诸多改变。最糟糕的事情是简单地全面削减营销预算。营销负责人可能会努力保住现有营销预算，主要因为这是提高销售水平的最好方式，但他们可能无法说服首席执行官和首席财务官。事实上，他们可能会推动广告预算的削减，特别是与黄金时段广告有关的高昂支出。

从战略的角度来看，企业必须继续将重点放在满足其目标客户的需求上，特别要关注他们最好的顾客。在许多企业中，一小部分顾客却占据大部分销售额。

企业最好不要在掌握其顾客、竞争对手、经销商和供应商的情况之前就开始削减成本。削减成本前必须了解：顾客正面临什么问题？这些顾客采取了什么措施？企业如何给顾客提供帮助？竞争对手正在做什么？在此期间出现了什么机会？企业愿意冒多大的风险？每家企业的行为都必须以维持顾客、品牌实力和长期目标为前提。

我们审视了企业主要的营销活动，以及可能节省成本的方面，如营销调研、产品组合、服务、广告、定价和分销渠道，而且所有的这些活动都会相互影响，因此在一个领域削减预算可能会引起其他领域的反应。显然，企业必须制定衰退时期，尤其是长期、持久衰退期间的战略和战术对策。最后，企业必须构建可行的远景方案，并制定出适合每种远景方案的对策。

The Business of Managing
and Marketing in the Age of Turbulence

Chaotics

第六章　在动荡年代蒸蒸日上
实现企业可持续发展

> 一旦获得防御的好处，防御者一定会努力转守为攻。
> ——卡尔·菲利普·戈特弗里德·克劳塞维茨，《战争论》

和20世纪90年代流行的商业主题和图书题材恰恰相反，生意并非战争。在今天的商界，竞争者也许是你的一位顾客、供应商、分销商或投资者。一个实体可以充当很多角色。因此，破坏竞争对手可能意味着伤害自己。

我们用历史上最卓越的军事战略家之一、19世纪早期伟大的普鲁士战士和学者卡尔·克劳塞维茨的语录开始我们关于企业可持续性发展的讨论，可能显得有点奇怪。我们这样做的目的并非要提供具体的、适用于当今动荡世界的军事战略或战术，而只是在混乱的商场和战场上，提出三个基本的战略实施原则：（1）充分考虑到迷惑和紊乱盛行的背景；（2）沟通十分必要；（3）一切行动为了最终目标的实现。这三个原则将指导本书最后一章的讨论。我们的最终目标是指导企业领导者克服可能遭遇的动荡和混沌，创建能够蓬勃发展和蒸蒸日上的企业。

在与商界高层领导人讨论在高度不确定和动荡时期如何

盈利经营的话题时，似乎有三个问题在他们的心目中最为重要：

• 企业原材料和其他主要成本在仅仅几个月时间里就猛涨25%、50%、100%或者更高（或猛跌相同数量），我们怎样才能更快速地做出反应，尤其是在为了在组织内部贯彻战略而进行的微不足道的调整都要花至少三个月时间的情况下。

• 在克服突如其来且不可预测的干扰方面，如果企业的控制力日益弱化，在我们刚经历一场风暴，而另一场风暴又在酝酿的情况下，我们怎样才能牢牢把握方向盘引导组织驶入平静的水域？

• 在企业规模随着经营的成功变得越来越大（从而，应对我们面临的动荡时，带来的问题也更大）的情况下，我们应如何系统地克服因这类增长造成的组织机构反应时间延缓的矛盾？

一位企业主管用一句简单的话概括了这三个问题："在极短的时间周期内，我们有些成本急剧上升，也有一些成本急剧下降。这要求我们比大多数企业的反应要更快。这好比让我在波涛汹涌的海面上立即转弯90度，如果我驾驶的是一艘喷气式滑水艇，这是不成问题的，但如果驾驶的是一艘巨型远洋货轮，即便在最平静的海面上，也很难做到。这和领导一家数十亿美元的全球性组织的道理如出一辙。"

为了回答这三个问题,我们需要将前几章提出的新见解与企业主管能采取的务实措施结合起来。以下是三项具体的行动措施:

1. 制定更具活力和交互性的战略规划,并且缩短时间周期,每三个月而不是每年进行一次回顾和调整。在较短的时间周期里,可以根据需要重新调整职责、机构、职权和绩效考核。

2. 减轻在关键层次上开展跨职能部门决策时面临的困难,以更快地制定出更好的决策。在地理距离上,主要决策者们应相互靠近,并通过更为频繁的、快速的交互式沟通渠道保持相互联系。讨论以及决策的过程应邀请更多利益相关者代表参加。

3. 将大型组织分解成较小的、扁平化的群体和子群体以促进并实现快速反应。责任、职权和义务应该下放到尽可能低的层次;必须显著提高硬技能和软技能从而改进决策质量;较小的群体必须能够在全球范围内与其他相关群体保持联系。

企业可持续发展

企业可持续发展着重考虑尽可能延长企业生命不可或缺

的所有问题，即认识直接影响商业战略的社会、经济、环境和道德因素。这些因素包括：企业如何吸引并留住员工、如何管理风险，以及如何通过气候变化、企业文化、企业治理标准、利益相关者参与战略、慈善事业、声誉及品牌管理等创造机会。在当今对企业责任的社会期望逐步扩大的情况下，这些因素尤其重要。

企业可持续发展的目标是制定最大限度地增加企业长期潜在价值的综合策略，同时优化企业的短期和中期业绩和价值，但绝不损害长期价值。它涉及诸多元素，其核心是反应灵敏的、强健的和适应性强的商业战略。该战略的关键是保护良性资产，不断补充创新性产品和服务，在顾客、员工、分销商、供应商、政府和投资于企业的其他利益相关者当中建立良好的信誉。

商界领袖经常将高增长和高业绩混为一谈。他们为了实现短期或中期利润最大化，在经营活动中不明智地冒风险，以致危及企业的长期生存能力。他们会利用过于雄心勃勃的增长计划破坏长期价值。这种计划有时包括为了提高短期股东价值进行的不明智和耗资巨大的收购。

当然，增长对任何企业的可持续发展都是十分重要的，但长期可持续发展的重要性应压倒任何短期甚至中期目标，尤其是在动荡和不可预知的环境下，如果管理不得当，混乱可能造成无法弥补的伤害，甚至使企业衰败。

在此我们将介绍一些已经实现企业长期可持续发展的企业的某些特征。我们首先介绍这些成功的企业是如何"看待"它们的规划周期及规划内容的。

双重视野

我们研究了企业如何能够在以快速变化和日益动荡为特征的全球化世界中争取生存并繁荣昌盛。我们试图说明在短期经营良好的企业在长期会出现怎样的问题。例如，要求全面削减每份预算从短期来看确实可以节约资金，但从长期来看可能会削弱企业的地位。为什么？因为项目被搁置，营销调研被削减或取消，广告资金（企业给人留下深刻印象的能力）被大幅度缩减，一些才华出众的员工被解雇。例如，通用公司和福特公司推出无订金和员工折扣的办法来刺激短期需求。该措施起了作用，销售额在短期内上升了40%，但三个月后销售额却一落千丈。他们预支了未来。

我们会争辩说企业一方面要着眼于短期运营，另一方面要着眼于长期运营。我们将这一做法称为"双重视野"管理。在正常和动荡时期，必须在这两种视野中求得平衡。

规划今天

- 明确企业定位
- 为满足顾客今天的需求而塑造企业
- 提高职能活动和企业定位的一致性
- 反映当前商业活动
- 优化现有经营活动以实现卓越发展

规划明天

- 对企业进行重新定位
- 为争取未来顾客和市场竞争而重新塑造企业
- 采取与现有经营方式不同的大胆举措
- 为迎接未来的商业挑战而进行改组
- 运用变革创造未来的业务和流程

着眼于今天会促使企业尽力去满足顾客今天的需求，而且是真正圆满地满足顾客的需求。它追求的是提高企业的职能活动效率，而这些活动是企业现有机会的写照。

着眼于明天则是对企业进行重塑以便将来更有效地参与竞争。为了应对未来的挑战，这通常要求采取大胆的行动以改变现状。

理解双重视野的商界领袖们还认识到，在动荡时代从事经营，他们必须要面对的巨大挑战之一是在抵御混乱的同时必须对目前的经营模式进行规划和管理，并同时展望未来，打造明天的计划，通过逐步的、有计划的改革以实现既定目标。

三重规划

我们还认为，企业需要制定三个层次的规划：短期、中期（三至五年）和长期。达特茅斯商学院的维杰伊·戈文德拉贾教授认为，在常态时期，每家企业都应该将其项目和措施放进三个方框里：短期、中期和长期。

短期

短期方框是关于管理当前事务的。它应该包括有关改进核心业务的项目。大部分项目必须与填补核心业务中的业绩空白相关，可能是要努力达到六西格玛绩效指标，可能要裁减冗员或仿效竞争对手的最佳做法。这些项目中的大多数都是可操作的，目的是获得更大的效益。

中期

中期方框是关于有选择地忘却过去的。应当包括旨在进入核心业务相邻领域的项目。这些项目与其说是为了提高业绩，不如说是为了填补机会缺口。该企业必须利用以互联网为代表的新媒体、客户授权以及中国、印度等新兴国家的崛起等非线性、非连续性的变化。

长期

长期方框是全新的领域。它应该包括未来形成的某些概念，比如可能在2020年实现或实现不了的事情。这些例子有：上月球、破解人类基因组、2 000美元一辆的汽车、100美元一台的计算机及其他梦想工程。这类项目的特点是对知识的高度假想。但是，随着对这些概念进行慢慢的研究和更多的学习，对知识假想的比重将随着时间的推移逐步减少。

常态时期，一家企业可能会将50%的项目放入第一个方框，30%放入第二个方框，20%放入第三个方框。如果第三个方框中一个项目都没有，它就不是一家拥有大胆创新意识的富有挑战性的企业！

当受到动荡冲击时，许多企业可能会改变这些比重。一家惊慌失措的企业仅仅致力于第一个方框的项目，甚至还会放弃许多短期项目。一家冷静的企业可能继续开展第二个方框（中期）中的一些项目，但很可能没有时间投入到第三个方框（长期梦想项目）中去。明智的企业可能在三个方框内保留一些项目，尽管数量有所减少。冷静和明智的企业，尤其是明智的企业，不仅在目前拥有生存机会，而且还会拥有长远而强劲的未来。

总而言之，明智的企业应当在三个规划期的视角下进行管理。其员工会被第三个方框中的梦想所激励，也会被第二个方框中的挑战所推动。对于其他利益相关者，即对这种类型企业有特殊兴趣和感情的供应商、分销商、投资者而言也是如此。

企业声誉

在任何特定的行业，主要竞争者的声誉千差万别。以美国汽车业为例，通用汽车、福特和克莱斯勒公司曾一度是美国市场上最受推崇的汽车企业。美国人从这些企业购买汽车是有信心的，但是美国人和欧洲人对美国或欧洲新兴汽车制造商的信心就要弱一些，对奇瑞、吉利或上海汽车工业公司这些中国新兴汽车制造商更没有什么信心。企业规模与声誉有很大关系，但还有其他因素。尽管现在中国的那些规模小但雄心勃勃的汽车企业在美国、欧洲或中国境外的世界其他地区没有名气，但可能有一天它们会像丰田、本田和尼桑一样家喻户晓。

J. D. Power and Associates 的亚太区市场情报主任蒂姆·邓恩说："中国的汽车制造商在产品、质量和制造方面还要下功夫，这是运作一家成功的汽车企业所必须的。"中国的新兴汽车制造商以及所有渴望成为大型企业并想确立可靠声誉的企业都要花费时间，而且是大量的时间。

今天，美国汽车市场上拥有最好的声誉的不是三巨头，而是丰田、本田、奔驰、宝马以及其他一些企业。声誉发生逆转的原因是多方面的。首要的一点就是，今天具有良好声誉的企业向公众提供了性能更可靠、更具创新性的汽车和更好的服务。事实上，今天大多数人都会认为丰田、本田和尼桑比通用、福特或克莱斯勒生存得更久远，除非后者能在创新和客户关怀方面下功夫，从根本上提高它们的声誉。

企业声誉的内涵是什么？在顺境和动荡时期，企业必须设法使哪些因素得到利益相关者的好评？

自 1999 年以来，哈里斯交互公司一直在进行一项年度研究，即根据美国公众的看法对美国企业的声誉进行排名。2008 年，哈里斯交互公司通过声誉研究发现 71% 的美国人认为美国企业的声誉"很差"，但有些企业正逆流而上，建立积极的大众的品牌声誉。

在哈里斯交互公司的声誉排行榜的前 60 位中，谷歌居首位。2008 年，谷歌将微软从头把交椅上拉了下来。微软在九年前该项研究开始时曾将处于第一位的强生公司赶下台，但第一把交椅它也只坐了一年。根据哈里斯交互公司的调查，让我们按从高到低的顺序，看一下 2008 年美国公司声誉排名前十位的企业：

1. 谷歌
2. 强生
3. 英特尔公司
4. 通用磨坊食品公司
5. 卡夫食品公司
6. 伯克希尔－哈撒韦公司
7. 3M 公司
8. 可口可乐公司

9. 本田汽车公司

10. 微软公司

哈里斯交互公司采用六个具体因素决定他们每年调查的公司声誉的评级，其中包括：（1）情感诉求；（2）产品和服务；（3）工作环境；（4）财务状况；（5）远见和领导才能；（6）社会责任。

上述六个因素都很关键，但需要性显然不同。我们认为最重要的因素是顾客和利益相关者对企业产品和服务的看法。它们的质量好吗？它们有创新吗？是不是物有所值？有优质服务支持吗？如果没有这些属性，其他因素再好也于事无补。社会责任带来的良好声誉无法弥补生产次品和劣质服务对声誉造成的损害。即使企业的财务状况很好，如果不满意的消费者通过互联网将他们的失望告知其他消费者，财务状况就不会好得长久。

第二重要的因素是远见和领导才能。利益相关者希望看到企业关于自身特长和目标的明确远景展望。如果高层管理团队受人尊敬而且充满活力，这将使人们对企业的信心大增。

第三重要的因素是工作环境，因为这说明了企业是如何对待其员工的以及员工对他们的机会和待遇的满意度是怎样的。《财富》杂志每年都对美国 100 个最佳工作地点进行排名。我们知道，员工满意度高的企业可以招募到最优秀、最有创造力的员工。我们还知道，不满意的员工可以通过越来越多的互联网工具传播他们对企业的不良看法以及企业对员工的糟糕待遇。

第四重要的因素是与竞争对手以及受风险程度影响的长期预期利润相关的企业财务状况。另外一个问题是企业是否有健康发展的势头以及盈利能力。

第五重要的因素为情感诉求，代表顾客和其他利益相关者对企业的感觉，即他们是否喜欢并信任企业。显然，对提供类似产品和业务的一组竞争者，顾客可能有不同的感觉。想一想顾客对哈雷戴维森、乐高、苹果、耐克和星巴克等企业长达数十年之久的强烈情感依赖。

第六重要的因素是企业的社会责任。近年来这一因素的重要性与日俱增。顾客更喜欢那些关心贫困、气候变暖、空气和水的质量，以及能源消耗等社会问题的企业。在同等条件下，表现出关心生活质量的企业往往享有更高的声誉。这些企业能善待员工，与他们的供应商和分销商关系良好。

我们建议在哈里斯的名单中添加第七个因素：创新。创新是组织内产生、实施和扩散想法与新产品，推动长期增长的一个过程和思维方式。如果没有持续不断的创新，组织及其战略将会萎缩，它们的声誉也将被断送。

想要把眼光放长远并希望长期繁荣的企业必须解决直接触及企业可持续发展核心的五个关键问题：

- 企业的声誉在利益相关者帮助企业取得长期繁荣方面发挥什么作用？企业能采取什么行动以提高自身的声誉？（企业声誉）
- 企业能够采取什么措施来提高顾客对其产品的热情，以期将其顾客转变为协助把企业推销给他人的倡导者？（顾客利益代言）
- 哪些因素与企业长久发展关系最大？（企业长久发展）
- 企业社会责任和生态可持续性的积极实践会延长企业的发展寿命吗？（企业社会责任和生态可持续性）
- 积极的、合乎伦理的和真实可靠的行为实践会延长企业的发展寿命吗？（企业的道德和可靠性）

关键问题是，声誉需要长期逐步建立。良好的声誉可以使企业度过危机，进入持久的未来。这类企业在困难的动荡时期必须保持甚至强化这七个因素。声誉很容易被损害。损害声誉的时间要比建立声誉的时间短得多。由于错误的判断、丑闻、质量或正直性的下降，可能会使声誉在一夜之间消失。希望长期生存下去的企业，在经济景气时期和不景气时期，尤其在经济不景气时必须管理这些因素，而且要认真仔细地管理。

顾客热情和利益代言

大多数企业努力建立强大的忠诚客户群。向相同的顾客卖出更多产品比寻找新顾客要容易得多。企业的目的是建立客户忠诚度,并希望客户不仅从本企业重复购买,而且还要把本企业的美名传给他人。这些忠实的"顾客倡导者"或"顾客推动者"对企业的成功非常重要。

客户忠诚度专家弗雷德·赖克哈尔德开发了衡量顾客利益代言的工具:净推荐评分系统。他在《企业成长的最后一关》一书中对该系统做了介绍,并阐述了如何将顾客变成倡导者和推动者。他认为,一个简单但关键的问题就可以度量企业的净推荐指数,那就是问顾客:你在把我们推荐给别人时感觉舒服吗?

如果顾客回答说:"我热爱贵企业,我一直在向别人推荐你们。"按10分制计算这个回答得10分。"我爱贵企业,尽管我没有推荐,但如果推荐的话我会感觉非常舒服。"得9分。"我爱贵企业,如果在谈话中自然提到你的企业,我会为它说好话。"得8分。当然,如果顾客说:"我恨这个企业,我已经将这家企业很糟糕的消息传播出去了。"这将得最低分数1分。

从给企业打8~10分的顾客百分比中减去给企业打1~6

分的顾客百分比，即可得出净推荐评分。根据赖克哈尔德的观点，净推荐评分较高的企业，其长期收益性也较高。

正如赖克哈尔德所断言的那样，建立忠诚度这一概念的本质是"告诉您的合作伙伴（如客户和员工等利益相关者），在终生成功的前提下对个人私利进行界定时，忠诚度是追求个人私利的一个合乎逻辑的战略"。

赖克哈尔德建立企业忠诚的六项原则可归纳如下：

1. 永远努力为利益相关者及企业带来利益。

2. 对企业的员工和顾客要有所取舍，鼓励员工、顾客和企业一起发展以加强他们的合作关系。

3. 坚持企业的忠诚作风（以赢得忠诚作为回报）。例如，"顾客做得对"是直觉软件公司税务软件出现漏洞时行动的座右铭。

4. 对正确结果进行奖励。

5. 倾听、学习、行动并解释（沟通是对话，而不是独白）。

6. 当决定今天要讲什么话、做什么事的时候，首先要考虑企业希望给人留下什么样的印象，然后用语言和行动实现这一目标。

一些赖克哈尔德净推荐评分很高的美国企业包括企业连

锁租车、哈雷戴维森、思科系统公司、戴尔计算机公司、《纽约时报》以及为小企业和消费者服务的会计和报税软件开发商直觉软件公司。

赖克哈尔德还提到美国西南航空公司以及德国软件巨头SAP公司。

当互联网让我们与自己共事的人变得越来越疏远时，我们比以往任何时候都更加需要忠诚。赖克哈尔德没有藐视互联网及其冷漠无情的数字化方式，他把电子市场作为企业加强与顾客、员工、供应商和投资者的关系的一种方式。他发现，其实在互联网上，信任无处不在。增加信任可以强化忠诚度。当在线顾客信任你的网站时，他们将和你分享更多的个人信息，这使你能够建立更亲密的客户关系，从而使你能够用更加个性化的产品和服务更好地为客户服务。赖克哈尔德写道，这种人性化关注形成了良性循环，能创造出更高的忠诚度。

如果赖克哈尔德是正确的，那么，关键的问题是如何培养热心的顾客。就市场营销而言，我们认为企业不能仅仅停留在满足顾客的层次上，而应当能够取悦顾客。一些企业成功地做到了这一点，而且连续数年都做得很成功。

我们在一本新出版的叫做《爱心企业》的书中可以找到证据。三位作者在美国人中抽取了一个样本，请他们列举出心中"喜爱过的"或"十分想念"的一家或多家企业，如果这些企业倒闭或消失的话。

以下是大量随机抽取的美国消费者多次提到的企业：亚马逊网站、宝马、卡特彼勒、易趣、谷歌、哈雷戴维森、本田、宜家、强生公司、新百伦、巴塔哥尼亚、西南航空、星巴克、天伯伦、丰田和UPS。

那么，成为一家令人喜爱的企业有什么诀窍吗？上述这些企业有什么共同特征吗？根据作者的观点，答案是肯定的。这些令人喜爱的企业的共同特征是：

- 与所有利益相关者群体的利益保持一致。
- 主管工资并不太高。
- 实行开放政策，允许接触最高管理层。
- 员工薪酬和福利在同级别中较高；员工培训时间较长；员工离职率较低。
- 雇用热爱顾客的人。
- 将供应商看作是在提高生产率、质量，降低成本方面进行合作的真正伙伴。
- 认为企业文化是其最大资产和竞争优势的主要来源。
- 营销成本大大低于同行，而客户满意度和忠诚度要高得多。

长寿企业的特征

一些研究人员研究了长寿企业的特征。

阿里·德赫斯作为部门经理在荷兰皇家壳牌位于三大洲的公司服务了38年,在负责业务和远景规划的公司规划总监的位置上结束了自己的职业生涯。在壳牌公司工作时,德赫斯开始了对长寿企业的研究。他想知道这些企业的管理是否有共同的特点和优先考虑的事项。他分析的企业越多,对它们的预期寿命越担忧。他写道:"一家企业的自然平均寿命应该是两至三个世纪。"

德赫斯援引荷兰的一项关于日本和欧洲企业预期寿命的调查,调查结果显示企业的平均预期寿命为12.5年。他写道:"一家跨国公司的平均预期寿命(财富500强企业或与其类似的企业)是40~50年。"他进一步指出,20世纪70年代的世界500强到1993年有三分之一已经因收购、合并或破产而消失了。也有少数例外,如700多年前在瑞典中部以开采铜矿为业的斯道拉公司,成立于1590年从日本京都的铜铸造商店发家的住友株式会社。但是德赫斯称,大部分企业的最长寿命及其平均实际寿命之间存在巨大差距,这说明有巨大的潜力被浪费了,而且使人们无法安居乐业。

然而,德赫斯确实发现,除了一些超过500年历史的企业外，一些企业的历史长达 200 多年，如成立于 1802 年的杜邦公司。他还发现有 30 家企业至少有 100 年历史，包括格雷斯（成立于 1854 年）、柯达（成立于 1888 年）、三井物产（成立于 1876 年）和西门子（成立于 1847 年）。

他的研究结果发表在《长寿企业》这本书里。他的论点很简单：如果他们有选择地专注于自身性质和业务的某些方面，企业都可以成为生存并繁荣数百年的实体。他的分析表明，上升到"长寿企业"地位的企业有四个显著特点：

- 对环境的敏感性。乐于尝试、学习并适应周围环境。
- 整体意识。具有凝聚力和强烈的认同感。
- 对新想法的宽容。具有耐心，一般来说，其决策权是分散的、广泛的，对于外围的各种"非核心"活动（这很有可能成为明天的核心）采取宽容的态度。
- 保守主义的融资理念。从不乱花钱，将钱用于保证增长并给自己更多的选择自由。

德赫斯还发现他确定的 30 家长寿企业高度重视以下做法：

- 重视人才，而非重视资产
- 放松指导和控制
- 组织学习

- 构建人际交流社区

混沌时代，企业在许多层面上经受压力、排挤和考验，有时不堪重负以至于无法完全恢复。虽然我们现在已经进入了混沌年代，这并不意味着过去企业不必承受巨大的动荡，只是说重大的破坏性事件更具有偶发性和同步性，如灾难性的萧条、战争和其他重要历史事件。在德赫斯的长寿企业名单中，达到或超过 100 年历史的企业都经历了某些难以想象的极为严重的动荡事件。他们能够生存下来并且以更强大的姿态出现当然得益于德赫斯所确定的特征和重点事项。

企业社会责任（CSR）和生态可持续性（ES）

奉行企业社会责任和生态可持续性的企业更长寿吗？我们注意到企业越来越希望证明自己是人道的，是关心环境和社会问题的。例如，美国运通、雅芳、本杰利公司和美体小铺都对社会事业做出了重大承诺。这些企业认为，如果竞争者之间的其他条件相同，那么他们的不同之处在于，人们感谢他们的贡献，他们对消费者的偏好提供了一些条件。一些人倡导为社会事业而奋斗，而这些事业又使他们进一步与市场保持紧密联系：

公司	社会事业
Aleve	关节炎
雅芳	乳腺癌
百思买	电子产品回收利用
英国航空公司	贫困儿童
通用磨坊	更好的营养
通用汽车	交通安全
家得宝	仁爱之家
卡夫食品	减肥
利维斯特劳斯	预防艾滋病
摩托罗拉	减少固体废物
百事可乐	保持活跃
壳牌	沿海清理
星巴克	保护热带雨林

但在混沌年代，特别是在金融危机时期，企业有可能重新考虑这些承诺或缩减这方面的资金投入，这是企业继续从事这些社会事业时必须考虑的因素。但它们已经建立了某种良好的社会关怀形象，全盘放弃这些承诺可能会改变顾客和其他利益相关者的态度。比如它们可能会在慈善组织急需用钱的时候放弃这些有价值的组织，如果媒体做了报道，这一消息可能会带来负面影响。当然，如果企业在终止支持社会事业时具有正当理由，比如发现资金被挥霍或慈善机构的领导出现了问题，该企业可以心安理得地削减投入。但是，如

果企业认为它仍然给某些组织的资金带来有益的结果，那么可以缩减一些资金，但不能取消所有的资助。

道德和可靠的行为

随着时间的推移，企业在道德和信誉方面获得的声誉千差万别。多数观察家会说，通用电气、IBM和宝洁公司将道德行为铸入了企业的灵魂。它们不仅依靠培训和内部化，而且还制定了一套明确的准则和规则。人们也可以认为这些企业具有"可靠性"。它们知道自己的身份，它们的活动是透明的。它们想把自己与那些不讲信誉的商店以及被贪婪驱使的金融市场操纵者、小偷或欺骗利益相关者的骗子区别开来。

动荡期间，最有可能降低承诺、拖延付款，尽一切可能"拯救沉船"。通用汽车公司前采购部主任洛佩兹1992年离开公司加入大众汽车公司后被控侵犯商业秘密。由于洛佩兹在通用汽车公司削减成本方面表现出的杰出才能，人们给他起了个绰号叫"超级洛佩兹"。他会在晚上给零部件供应商打电话说："我们付给你的钱太多，我们希望将合同价格降低15%。我一小时之内给你回电话听取你的同意答复。"这位零部件供应商闻讯后大为震惊，除了答应几乎没有给他留下任何回旋余地。但是通用汽车公司的零部件供应商们对这种处理方式十分憎恶。后来，他们在与通用汽车公司打交道时变得更加谨慎,在他们不得不将短缺的零部件分配给三巨头时,他们会优先考虑福特和克莱斯勒。为了获得暂时的优势,"盘剥"供应商或顾客的企业无一例外地会因目光短浅而自食其果。

因此,企业内部和外部行为会留下后遗症,这会影响利益相关者对企业未来的心态和行为。通常这些行为会反映企业是否具有权威性,而权威性对消费者来说是一种越来越重要的品质。在《权威指南:消费者想要什么?》一书中,詹姆斯·吉尔摩和约瑟夫·派恩描述了这一上升趋势。"在我们这个日益以经验为导向的世界,消费者渴望可靠的东西。这是今天体验经济的一个矛盾:世界越做作,我们所有人就越想要真实。由于现实是可以被修饰、修改和商业化的,所以顾客只会对部分事情做出反应,这些事情要么是他们参与过的,要么是比较私人的,要么让他们比较难忘,而最重要的是,这些事情是真实可靠的。如果顾客认为你的产品不是真的,你就会被打上虚假甚至伪造的烙印,冒着失去信誉并最终无法实现销售的风险。"

但是,什么是真实?吉尔摩和派恩阐释了真实性对后现代消费者的意义,以及企业如何使他们的产品与服务看起来是"真正真实的"。

提到吉尔摩和派恩所说的"体验经济",企业仅仅创造并销售产品和服务是远远不够的。今天的消费者和企业想要亲自体验值得纪念的活动。在充斥着耸人听闻的捏造事件和毫无人情味交易的世界中，消费者和企业是否购买取决于他们如何看待产品的可靠性。尤其是当每个人、每家企业正受动荡折磨的今天，企业变得越来越实际、独创、诚恳、真诚和可靠。

结论

随着我们开始探索动荡和混沌，企业领导人也在逐步认识和研究新常态，即日益加剧的动荡和混沌，所以我们希望混沌管理系统会帮助企业更加敏锐地认识到等待他们的新挑战。

为了应付新的环境，在第一章中，我们确定了造成动荡的各种因素，这些因素的存在需要企业管理者采取新的战略行为，以迅速而系统地减少自身缺陷，并增加可利用的机会。

在第二章中，我们介绍了在衰退和动荡时期企业管理者正常的逃跑应对方式，以及这些应对方式是怎样损害企业的长期生存能力的。我们建议他们应更加深思熟虑地进行应对，不仅要削弱缺陷，而且要发现并抓住新的机遇。

在第三章中，我们介绍了一个事实，即许多精明而且经验丰富的管理者对他们周围发生的事件继续感到惊讶不已，尽管这些事件能被行家一眼就看穿。通过建议企业开发行之有效的早期预警系统以探查环境中的动荡因素、制定尚未预见到的远景方案和战略，我们提供了一种建立新的、强大的组织力量来果断并迅速地处理动荡（包括日益加剧的动荡）的方法。

在第四章中，我们阐述了这样一个观点：企业要采取的新行为，即反应灵敏、强健、有适应性的行为。我们讨论了如何区分组织中的每一种管理职能的作用，确定哪些是可以减少或延迟的、哪些是可以外包的、哪些是可以增加或加速的，以提高其短期和长期业绩。

在第五章中，我们概述了在动荡时期面临削减预算的压力时，企业如何才能增强自身的营销和销售能力。在动荡时代，尤其是在剧烈的动荡时代，人们会坚决认为，如果是为更强大和更长远的未来奠定基础，那么企业需要增加营销力量，而不是减少营销力量。

最后在第六章，我们指出企业在制定战略时必须平衡短期和长期因素，必须维持并增强影响它们声誉的主要因素；应该建立一个人们为之忠诚的企业，如果该企业破产，人们会非常想念它；并指出培养顾客倡导者是产生、吸引并赢得新顾客积极口碑的必然方式。

如果我们达到了自己的预期目标，那么，混沌管理系统就给企业领导者提供了成功度过不确定领域的体系和工具。在这个新的混沌年代，所有企业都将继续面对这些不确定的领域。

译者后记

2009年春节刚过，受华夏出版社委托，我开始着手翻译菲利普·科特勒和约翰·卡斯林的新作《混沌时代的管理和营销》。菲利普·科特勒是现代营销学的集大成者，被誉为"现代营销学之父"，而约翰·卡斯林博士则是全球顶级的营销战略实战专家。他们的合作可谓珠联璧合，相得益彰。

在当今相互依存度日益提高的全球化时代里，在各种行业、市场和企业中，在间歇性的繁荣和经济下滑过程中，动荡已成为一种"新常态"。企业必须防御这种"新常态"产生的冲击，同时要挖掘由此带来的机遇。作者创造了混沌管理系统，通过许多鲜活的事例，帮助企业领导者在动荡年代重塑思维方式，提高和加强营销和销售战略，恰当平衡企业的短期和中长期需求，争取企业的长期可持续发展。

这是一本在恰当的时机推出的一本难得的好书。

本书在翻译过程中得到了华夏出版社吕娜女士的大力协助和鼓励，以及文瑜和张宁老师的鼎力支持，在此一并表示感谢。

李 健

2009 年 4 月 18 日